百科通识文库

49

解读欧陆哲学

西蒙·克里奇利 著

江怡 译

外语教学与研究出版社

北京

京权图字：01-2006-6868

图书在版编目（CIP）数据

解读欧陆哲学 /（美）克里奇利（Critchley, S.）著；江怡译．— 北京：外语教学与研究出版社，2015.8
（百科通识文库）
ISBN 978-7-5135-6517-2

Ⅰ．①解… Ⅱ．①克… ②江… Ⅲ．①哲学史－研究－欧洲 Ⅳ．①B5

中国版本图书馆CIP数据核字（2015）第198788号

出 版 人　蔡剑峰
项目策划　姚　虹
责任编辑　周渝毅
封面设计　泽　丹
版式设计　锋　尚
出版发行　外语教学与研究出版社
社　　址　北京市西三环北路19号（100089）
网　　址　http://www.fltrp.com
印　　刷　中国农业出版社印刷厂
开　　本　889×1194　1/32
印　　张　7
版　　次　2015年9月第1版　2015年9月第1次印刷
书　　号　ISBN 978-7-5135-6517-2
定　　价　20.00元

购书咨询：（010）88819929　电子邮箱：club@fltrp.com
外研书店：http://www.fltrpstore.com
凡印刷、装订质量问题，请联系我社印制部
联系电话：（010）61207896　电子邮箱：zhijian@fltrp.com
凡侵权、盗版书籍线索，请联系我社法律事务部
举报电话：（010）88817519　电子邮箱：banquan@fltrp.com
法律顾问：立方律师事务所　刘旭东律师
　　　　　中咨律师事务所　殷　斌律师
物料号：265170001

百科通识文库书目

历史系列：

美国简史
探秘古埃及
古代战争简史
罗马帝国简史
揭秘北欧海盗
日不落帝国兴衰史——盎格鲁－撒克逊时期
日不落帝国兴衰史——中世纪英国
日不落帝国兴衰史——十八世纪英国
日不落帝国兴衰史——十九世纪英国
日不落帝国兴衰史——二十世纪英国

艺术文化系列：

建筑与文化
走近艺术史
走近当代艺术
走近现代艺术
走近世界音乐
神话密钥
埃及神话
文艺复兴简史
文艺复兴时期的艺术
解码畅销小说

自然科学与心理学系列：

破解意识之谜
密码术的奥秘
恐龙探秘
情感密码
全球灾变与世界末日
简析荣格
人类进化简史
认识宇宙学
达尔文与进化论
梦的新解
弗洛伊德与精神分析
时间简史
浅论精神病学
走出黑暗——人类史前史探秘

政治、哲学与宗教系列：

动物权利
释迦牟尼：从王子到佛陀
死海古卷概说
存在主义简论
《旧约》入门
解读柏拉图
读懂莎士比亚
世界贸易组织概览
《圣经》纵览
解读欧陆哲学
欧盟概览
女权主义简史
《新约》入门
解读后现代主义
解读苏格拉底

目录

图目

前言

有一个时期，英国的学院派哲学大多都只是讨论逻辑和知识论，倾向于把哲学限定在这一范围，而将其传统上与一般道德体系和思想体系之间的联系看作是一种错误。这种趋势很强，但是地域性很明显。

——雷蒙德 · 威廉斯（Raymond Williams），《关键词》

1999年10月5日，撒切尔夫人（Margaret Thatcher）在被要求就欧洲联盟的前景发表她当时的观点时说："我有生之年的所有问题都来自欧洲大陆，而所有的解决办法都来自英语世界。"尽管这种说法显然有误，它却表达了这样一个深刻的真理：就是说，对英语世界的许多人，甚至是对英语世界之外的某些人而言，他们的世界与欧洲大陆的社会、语言、政治制度、传统和地理之间，存在着一种真正的分歧。英国政治，尤其是（但绝不仅限于）保守派，以“惧怕欧洲派”和“热爱欧洲派”之间的区别进行界定，他们的对手将其分别称为“亲欧者”和“恐欧者”。这就是说，有一种文化差异，某些人会说是分歧——或许甚至是一个深渊——存在于“欧洲大陆”与其对立者之间，而这个对立者，撒切尔夫人有意用使人回想起温斯顿·丘吉尔（Winston Churchill）的口吻把它称作“英语世界”。欧陆哲学就是这种文化分歧的表现之一。这本小书的目的就是要解释，为什么会发生这种情况，为什么这个事实很是重要，以及它对现在和未来的哲学活动可能意味着什么。

欧陆哲学是否是一个界定明确的哲学领域，这还颇有争议。即便人们承认它确实是一个哲学领域，“欧陆哲学”这个词是否是最为恰当的名称，也还存在争论（比如，“现代欧洲哲学”这一名称也经常使用）。我们暂且说“欧陆哲学”是一个有争议的概念。牢记这一点，本书就有了三重目的：

1. 梳理“欧陆哲学”一词的历史渊源和含义，以及如何区别于其所谓的对立面，也就是分析哲学或英美哲学，并又如何为其对立面所表现此领域。

2. 表明欧陆哲学的概念如何能够很好地加以界定，并构成一个截然不同的哲学传统和实践体系，包括了一系列通常为英美传统所忽略或抛弃的引人注目的问题。
3. 除此之外，表明我们将来如何能够更好地讨论哲学**本身**，而非只是局限于谁或者什么属于欧陆哲学亦或分析哲学的专业口角。

我首先会采取略为不同的策略，勾画出当代哲学面临的一个更大的问题，即智慧与知识之间的关系。大多数哲学中都存在着这样一个鸿沟，一方面是关于人们如何知道所知的一切这样的理论问题，另一方面是关于一种善的或充实的生活究竟意味着什么这样的更为实际的或者说是存在论的问题。大多主流哲学都已经放弃了把知识和智慧整合为一个单一的概括性看法的努力。我会试着展示，欧陆哲学的吸引力在多大程度上在于试图连接知识与智慧（或者说是理论与实践)，或者缩小这两者之间的鸿沟，从而多少回应了古代把哲学定义为对智慧的热爱的说法。但我们会看到，在一个越来越多地以自然科学的程式塑造的世界中，这样一个观点自身也不是毫无问题的。

接下来的几章可以按照另一种经典的哲学区分方式加以划分：即历史的和系统的。第二章勾画了导致欧陆哲学与分析哲学之间形成差异的不同历史发展轨迹。我将把欧陆哲学回溯到 18 世纪晚期人们对伊曼纽尔·康德(Immanuel Kant)思想的接受。康德在许多方面都是欧陆传统和分析传统共同拥赞的最后一个伟大人物，他同时也宣告了这两种传统的分道扬镳。我会比较对待康德的不同方式，以考察为什么会是这样一种情况。我还会比较详细地考察 18 世纪 80 到 90 年代康德思想所引发的争论，然后表明，这些争论如何确立了费希特(J. G. Fichte)和黑格尔(G. W. F. Hegel)著作中的德国唯心论的关键问题。大致地说，这个问题就是：康德的理性批判的结果是否与其所表明的意图相反，事实上损害了道德和宗教信念的基础？也就是说，对理性的批判，必定也是对所有信念的批判，这种批判不正是以彻底的怀疑论和虚无主义的噩梦而告终吗？我们会进一步探究 19 至 20 世纪欧陆哲学中这种思想的重要意义。

第三章首先考虑的是与欧陆哲学和分析哲学的差异相关的某些问题，接下来会考察文献中对这一差异的某些模式化的、颇引人发笑的表述。随后，我要讨论欧陆哲学的两重含义：哲学家们使用的、专业的自我描述，以及包括玛格丽特·撒切尔在内的更多人所使用的带有具体历史的文化特征。我认为，分析哲学家们对欧陆哲学所怀有的大多数敌视和误解，都是由于把这两重含义无益地纠缠在一起，都是由于专业的自我描述常常以有害的方式凌驾于文化特征之上。接下来我会考察欧陆哲学在英语世界中的历史渊源和文化语境，提出这样一个观点，即哲学传统之间的冲突只有从斯诺(C. P. Snow) 提出的著名的“两种文化”模式的角度来看，才能很好理解。就是说，英语世界的文化生活分为如下两部分：一方面是科学，另一方面是文学或人文精神。这就是说，欧陆哲学并不是发生在“另一个地方”的异域的东西，而只是表达了对以某种“英语方式”为核心的反抗。在这方面，我会重点讨论具有启发意义的历史实例约翰·斯图尔特·穆勒（John Stuart Mill），集中关注他对于区分为经验主义与思辨哲学思想方式的英语文化的重要反思，这些分歧也是导致了萨缪尔·泰勒·柯尔律治（Samuel Taylor Coleridge）的浪漫主义与杰里米·边沁（Jeremy Bentham）的功利主义之间对立的原因。最后会讨论一些有关这两种文化之间冲突的更为新近的说法。

在第四章，我会尝试以更为系统的方式勾画出欧陆哲学中明显的、令人信服的东西。我会对人们如何去解释哲学家们的不同实践活动给出一些评论，之后，我会集中讨论传统和历史的概念，表明埃德蒙·胡塞尔（Edmund Husserl）和马丁·海德格尔（Martin Heidegger）两位哲学家是如何有趣地理解这些概念的。我提出了用于描述欧陆传统哲学实践的一种模式，以三个关键词把它们组织起来：**批判**、**实践**和**解放**。这旨在表明，大多数欧陆哲学是如何以及为什么要关心对现代世界的社会实践提出批判，这种批判要达到的目标就是个人的和社会的解放。

我接下来会转向虚无主义这一关键概念：最高价值（比如对上帝或灵魂不朽的信仰）的瓦解或贬值，这在弗里德里希·尼采（Friedrich Nietzsche）的著作中得到了明确的表述，我勾画出了帮助尼采理解虚无主义的饶有意味的俄国背景。然后，我试图表明，那种导致了尼采作出虚无主义判断的文化和思想病态，在他之后如何发展为反动的现代主义和进步的现代主义这样两极，这又如何导致了欧陆传统中对哲学与非哲学之间关系的特定理解。

第六章处理一个具体案例研究。如果有一个争论典型地表现出了欧陆哲学与分析哲学之间的误解，那么这就是始于 20 世纪 30 年代初的海德格尔与鲁道夫·卡纳普（Rudolf Carnap）之间的争论。实际上，这是一个由卡纳普和维也纳学派提倡的科学的世界观与海德格尔主张的存在的或所谓“阐释学的”世界体验之间的争论。欧陆哲学家与分析哲学家之间新近的大多数误解，都可以追溯到海德格尔与卡纳普之间的这种令人奇怪的僵持，所以，值得考察一下究竟什么出了问题。

在第七章，我提出了**科学主义**与**蒙昧主义**的问题，进一步讨论科学的世界观与阐释学的世界观之间的关系。欧洲大陆的许多哲学都可以说是对现代世界中的危机感作出的回应，是怀着解放的目的尝试建立对现实的批判意识，这就在一定程度上解释了欧陆哲学与大部分分析哲学之间最为突出的巨大差别，即其**反科学主义**。它批判科学主义是基于它相信，自然科学的模式无法而且**不应当**为哲学方法提供模式，自然科学并没有为人类提供通往世界的首要的、更有意义的途径。我们会看到，一系列欧洲大陆的思想家，比如亨利·柏格森（Henri Bergson）、胡塞尔、海德格尔以及20世纪30年代之后的法兰克福学派哲学家均表达了这一信念。对科学主义的这种担心是有道理的，但在最近几十年里，它也招致了被与反科学的态度相提并论的危险。这就是**蒙昧主义**的危险。在我看来，科学主义和蒙昧主义是哲学中应当避免的两个极端，它们反映出了欧陆哲学与分析哲学中有害的倾向，卡纳普与海德格尔之间的争论就清楚地表明了这一点。与存在于分析哲学和欧陆哲学中的科学主义和蒙昧主义这两个极端不同，我提出了在这两个极端之间的“第三条道路”。

在全书的最后，我思考的是一些我不断预见到的哲学的前景。哲学研究中目前的这些区分是某些不恰当的、狭隘的专业自我描述的结果（你是分析主义的或是后分析主义的，抑或是欧陆哲学家，还是现代欧洲哲学家？）。在很大程度上，欧陆哲学和分析哲学都是狭隘的自我描述，这是学科专业化的结果，在我看来，这种专业化导致了哲学批判功能的削弱，使得哲学在文化生活中不断地被边缘化。我认为，哲学应当是对这种生活的重要表达。

在开始之前我要作几点说明并表达感谢。我的目的一直是，将参考资料控制在最少，尽可能简单地集中表达关键性的观念。这就是说，我在许多地方都挪用或借用了其他哲学家的论证和观点，事实上有些时候是我在其他地方发表过的观点。对此我不会表示歉意，因为本书针对的是具有好奇心但肯定不是专业的读者。本书后面的参考书目和进一步阅读书目是为了说明我的材料来源，为有兴趣的读者提供一个他们可以进一步学习的途径。

你可能在本书中看不到对构成我们所认为的欧陆哲学的所有思想家、传统以及运动的概述或总结。这些是我整个工作的重要缺失。这种概述已经有了，有些还做得非常不错，我的目的并不是打算增加一篇这样的概述。相反，本书更想对欧陆传统中哲学的本质作出反思，所以本书的风格是一篇论说文，而不是教科书。换句话说，下文表达的是一种带有个人风格的观点。

本书最初起草于 2000 年 3 月到 5 月间，当时我有幸在悉尼大学哲学系担任客座讲师，全书根据我的讲课笔记整理而成。我提到这些是因为这样的一个偶然事件：2000年3月1日我抵达悉尼的那天，悉尼大学的“普通”哲学系和“传统与现代”哲学系在经过了27年的分离之后重新合并为一个单一的哲学系。现在，尽管这种分离（这不无它所表现出的讥讽，这种讥讽，应当说，并没有完全消失）最初源于政治分歧，主要的导火索是澳大利亚在20世纪70年代初参加了越南战争，但分离也是由于学术思想上的差异，最为显著的是哲学（特别是马克思主义和女权主义）与政治的关系。虽然并不能说哲学系的分离可以用分析哲学与欧陆哲学的分野来解释，但这种分野的确以各种多少有些超乎想象的方式影响到了这种分离。我要感谢我的朋友和同事们，特别是要感谢我在悉尼大学的学生们，他们帮助我重新思考这种分离。最后，本书并非来自于我的创意，而应归功于牛津大学出版社出色的编辑谢利·考克斯。我感谢她有如此好的创意。

第一章

知识与智慧的鸿沟

哲学就是爱智慧。如果你认为自己爱上了智慧，那么，哲学大概就是你要研究的对象。但是，哲学传授的智慧是什么呢？在苏格拉底（Socrates）以及他之后的几乎所有古代哲学家看来，哲学所传授的智慧是关于享受一种美好的人类生活。美好的人类生活也应该是幸福的生活，这被许多古代哲学家看作是理所当然的。这种看法在亚里士多德（Aristotle）那里得到了明确的表述，后来诸如斯多葛学派这样的希腊化时期哲学家也这样认为；根据这种看法，哲学应容许获得最大的幸福，也就是一种无利害因素的静思生活。所以，哲学是一种反思性生活，一种经过审视的生活，其假定是，未经审视的生活是不值得过的。哲学应当塑造人类，而不仅仅是让人类获取知识。

但不应忘记，尽管未经审视的生活是不值得过的，失去了生命的生活则是不值得审视的；在古人看来，哲学并不是对日常社会生活实际的背离，相反，哲学是以真理的名义考察何为真理的反思性实践，它正是发生于古希腊人所说的“城邦”（*polis*）之中，这是政治生活的公共领域。哲学最初就是一种**实践**活动，明显不同于17世纪之后占主导地位的理论探索。

在古时，哲学教导我们热爱的智慧，就是追求美好的生活，一种进行反思冥想的生活；按照释义来看，这将会是一种幸福的生活。现在，或许有些奇怪的是，哲学**之外**（就是说在作为学术研究的哲学之外）的大多数人都认为，哲学**之内**的大多数人都陷入这种研究，无法摆脱。这就说明了为什么他们很自然地断定，哲学的核心问题必定是生活的意义。有了这个想法，我们再来想象一下这样一个场景：专业哲学家在一个聚会上碰见一个陌生人，她回答了“**你**是做什么的？”这个问题，而这个陌生人则立即大着胆子问道（此外此人也不知道该说些什么）：“那么，生活的意义是什么？”这时候，哲学家略微紧张地咯咯一笑，急切地想要尽快转换话题，或者是尴尬地一笑，解释说哲学的学术研究实际上并不讨论这种问题。这样，这种社交

图 1 贾钦托·布兰迪（1621—1691），《哲学的寓言》

场面很是尴尬，但我认为，这个陌生人的假设很有道理。也就是说，如果哲学并不讨论（不必要回答，但至少要处理）生活意义的问题，那么，我们无法说哲学家们的工作做得妥当。

在我看来，这里的问题与其说是哲学之外的人的问题，不如说是哲学之内的人，即我们的专业哲学家们的问题。对我们大多数人来说，认为哲学应当关心生活意义的问题，或者是关乎如何获得美好幸福的生活，这种看法多少是一种玩笑，而且还是一种没什么品位的玩笑。这种问题被降格归于通常称作“大众心理学”的领域。就大部分而言，专业哲学已经很高兴地把这个领域让给了大量而且仍潮涌般不断增长的关于“心灵、身体和精神”的书籍，那些在繁华商业街书店里尴尬地摆在逐渐缩水的哲学书架旁边的成排的色彩鲜艳的“新时代”书籍。专业哲学几乎完全放弃了这场战斗，早早地引退了。

如果哲学并不关注智慧，那么对大多数专业哲学家来说，哲学究竟在关注什么呢？我们说，哲学关注的是**知识**。关于什么的知识？在广义上我们可以说，哲学关注的是事物如何成为它现在这个样子的知识。这里，“知识”

一词的拉丁文 *scientia* 是富有启发性的。知识的问题，也就是知道事物如何成为它现在这个样子，这是一个科学的问题。正是科学，也就是近代自然科学，为我们提供了关于事物如何成为它现在这个样子的最好的、最为可靠的知识。为什么呢？因为自然科学可以为其假设提供实践经验的证明，可以证实它的说法。如果我说“耶稣基督是人类的拯救者”，但没有提供任何经验证明，那么，我是否接受这个说法就完全是一个信仰问题。但如果我说，水这种物质可以描绘为在任何时候都具有两个氢原子和一个氧原子的东西，那么，我就可以用实验去证明这个结果。

我们都深刻地意识到，我们生活在一个科学的世界中，在这个世界中我们需要对我们的说法提供实践经验的证明，或者恰当地驳斥那些说法。这种科学的世界观可以追溯到 17 世纪早期的英国和法国，它支配着我们看待事物的方式，或许更为重要的是，支配着我们**期望**看待事物的方式。我们期望多少能像剧场里的观众那样，从理论角度审视事物——“剧场观众”在希腊文里就是 *theoros*。事物是以感觉或表象的形式通过经验直接呈现的。科学赋予我们关于这种事物本质的知识。这些事物因此就被称作“事实”。

在科学占主导地位的世界中，我们的专业哲学家赋予哲学什么样的角色呢？回顾一下“知识”的希腊文 *episteme*，可以在一定程度上回答这个问题。哲学变成了认识论（*epistemology*），即关于知识的理论。就是说，它主要关注的是逻辑的和方法论方面的问题，比如，有关我们**如何**知道我们所知的东西，这种知识凭什么是有效的。哲学成为一种理论探究，探究科学知识成为可能的条件。根据科学的世界观，哲学的角色就不再是柏拉图所认为的各门学科的女王，这里，理论知识和实践智慧成为了一体。用约翰· 洛克（John Locke）1689 年在《人类悟性论》开篇所说的话，它变成了科学的清道夫，其工作就是清除存在于知识和科学进程中的垃圾。哲学家就成了各门学科“水晶宫”的守门人。

守门人的工作足以令人尊敬，但有关智慧的问题呢？这里的问题在于，科学很是奇妙：它向我们更为真实并且更好地描述了事物存在的方式，当代哲学家喜欢把这称作“自然主义的本体论”。而且，通过科学的合作者（即技术）的工作，我们的生活已经发生的转变和提高是古人难以想象的，甚至我们的祖辈也是难以想象的。因此，科学不仅很奇妙，而且很有效。但尽管如此（或许正是因为如此），智慧问题仍然困扰着我们，仍然纠缠着我们，就像是我们自认为已不再需要的阑尾一样。

问题是：科学的世界观彻底排除了寻求生命意义问题答案的需求了吗？知识躯体需要切除智慧这个阑尾吗？依据某种极端的观点，这的确如此；某些哲学家可能认为，所有的问题或者一定是可以通过经验探究得到回答的，或者是被作为荒谬的东西加以抛弃的。这样，也许可以这样认为，生命意义的问题可以通过达尔文进化论从因果上或经验上作出回答。根据这种看法，生命就可以基于某些因果假设而得到解释，譬如自然选择，就是说，人类的认识是进化发展的结果。甚至有一门哲学分支就叫“进化认识论”，它首先试图把所有的哲学问题都还原为认识论问题，然后认为所有这些问题都只能按照进化的倾向得到回答。

在知识与智慧、或者说是科学的探究与我们也许可以叫做人文的探究之间的关系上，我采取一种不太极端的观点。我认为，生命意义的问题不可能还原为经验研究。这完全不是一个因果问题。我认为，在知识与智慧之间存在着一道鸿沟：这不是一道解释上的鸿沟，可以用一种更好的、更为全面的理论弥合它；它更是一种**感觉上的**鸿沟。如果所有认识论上的问题都可以由科学探究在实践中得到解决，那么，我们可能会觉得，即使所有这些问题在一觉醒来都得到了解决，这仍然与智慧的问题毫无瓜葛，与美好的人类生活究竟包含着什么这个问题无关。

这正是日常经验中的巨大悖论（也是我们在第二章将会遇到的虚无主义悖论）：科学的世界观非但没有弥合知识与智慧之间的鸿沟，反而使我们更为明显地感觉到这个鸿沟。我甚至敢打赌，这个悖论在科学与技术高度发达的社会中最为明显。正是在先进的西方社会中，知识与智慧的鸿沟似乎扩大成了深渊。在这种意义上，有关生命意义的思辨性问题就是奢侈和富裕的结果。或许情况就是这样——只有生活中基本的迫切要求得到了满足，哲学才会出现。正像贝托尔特·布莱希特（Bertolt Brecht）所说，“食物在先，伦理在后。”这说得没错。但人类的奇怪之处在于，当你给了他们食物，甚至比他们所能吃的还要多，当你给了他们各种尘世的赐福，那么，他们就会为自己编造出新的苦难，新的神经病和变态，甚至创造一种新的

"学科"以医治这些新的神经病和变态：精神分析、心理治疗、芳香疗法、反射疗法，或者其他什么名字。正是由于在存在上开始感觉到了这种悖论的力量，被忽略了的生命意义问题才更强烈地被重新提了出来："我似乎拥有了我所想要的一切，但我生活的意义究竟是什么呢？"

这种不寻常但又完全是司空见惯的情况正是填补"意义鸿沟"和回答生活意义问题这种在我看来不合理的企图的合理根源。做到这一点可以有许多方式：通过回归传统宗教，或者通过发明新的宗教；通过政治极权主义，这通常会和回归传统宗教结合，成为令人迷醉的鸡尾酒（例如，塞尔维亚的民族主义）；或者是通过57种填补意义鸿沟的方式，它们流行于神秘主义的市场：占星术、瑜伽、手持水晶静坐于金字塔下、发现自己内在的童真等等。我们在这本小书的最后将会看到，这些都是**蒙昧主义**的变种。就是说，如果许多当代哲学所犯的错误就是被科学冲昏了头脑，导致了科学主义，那么，同样错误地抛弃科学则导致了蒙昧主义。我最后的一个说法就会是，某些当代欧陆哲学中就存在着蒙昧主义的危险。所以，如果当代哲学的危险是科学主义，那么与它相对应的就是蒙昧主义。用穆勒的话说，“人们谴责一个理论使人变成了野兽，而另一个则使人变成了疯子。”

概而言之，古代哲学首先被描述为知识与智慧的同一，或至少是试图整合这两者：就是说，关于事物如何成为它现在这个样子的知识，会带来人生行为上的智慧。这种把知识与智慧联系起来的假定认为，这样一种宇宙表达了人类的目的，因而关于自然的知识就构成了之所以为人的意义的主要部分。这就是所谓的“目的论的宇宙观”，根据这种宇宙观，每个自然之物都可以用亚里士多德所说的终极因加以解释，正是因为这个目的，事物才成为它现在这个样子。这种观点带来了理论与实践、知识与智慧、因果解释与存在理解或意义之间的巧妙统一，例如，大自然就可以被看作是由上帝之手书写的一部活生生的著作。

在当今世界，经过各门学科由 17 世纪至今的突飞猛进，这种统一已经分崩离析。勒内·笛卡尔（René Descartes）在 1641 年的《第一哲学沉思集》中已经这样写道：“通常对终极因的寻求在物理学中毫无用处。”宇宙并不会表达人类的意图，它完全是受物理规律的支配，这些规律我们可以竭力去获知，但它们对人类的努力却毫不在意。宇宙是巨大的、冷酷的、机械的、无人性的。所以，布莱兹·帕斯卡（Blaise Pascal）在17世纪50年代后期出现这种世界观变革的时候这样写道："无限空间的永恒沉默使我充满了敬畏之心。"这就是说，有关哥白尼（Copernicus）、伽利略（Galileo）无限的、开放的宇宙（一个没有意义、没有终极目的的宇宙）的**知识**，在人们转向**智慧**问题的时候就会使人产生真正的焦虑。这就是被称为**启蒙运动**的历史的和精神的体验的一种表达：给我们留下的是知识与智慧、真理与意义、理论与实践、因果解释与存在理解这些不同领域之间的经验的鸿沟。正如马科斯·韦伯（Max Weber）在大约两个半世纪之后所说，科学革命以其无法否定的真理引发了**对自然的去魅**（disenchantment of nature）。自然界不再是人类同样参与其中的某个"世界灵魂"的可见表达。相反，自然界是完全不具人格的客观的"材料"，它是受规律支配的，具有清晰的因果关系，完全脱离了人类的意图。

如果是这样的话，那么我们现代人的问题就很清楚了：面对科学革命带来的对自然的去魅，我们体验到了知识与智慧之间的鸿沟，这个鸿沟结果会迫使我们放弃有意义的生活。问题在于：自然，或实际上是人类自身能够通过弥补或消除这个意义鸿沟并产生某个关于美好生活的可信观念而**复魅**（re-enchanted）吗？这个悖反似乎难以解决：一方面，科学真理的哲学代价似乎是科学主义，这样我们就成了野兽。另一方面，以对宇宙的一种新的人文关怀而拒斥唯科学主义，似乎又导致了蒙昧主义，这样我们就成了疯子。这两种选择都不是非常具有吸引力。在本书的最后，我会试图提出一种中间道路。

但你可能会问，这与欧陆哲学有什么关系？我的观点是，哲学当下应当思索的问题就是这样一个悖反：一方面是有可能把我们变成野兽，另一方面则是有可能把我们变成疯子。这就是说，智慧问题以及与其相关的生命意义问题，至少应当更为接近哲学活动的核心，而不是不痛不痒地、令人尴尬地、甚至是有些轻蔑地加以对待。在我看来，可归于欧陆哲学名目下的大部分问题，其吸引力在于试图统一或至少更为紧密地结合知识与智慧、哲学真理与存在意义的问题。这里有大量的例子，比如，黑格尔将有关认知的生死之争看作是升华为绝对认知的重要部分；尼采论述上帝之死和对价值重估的需求；卡尔·马克

图 2 弗雷德里克·祖卡里（1540—1609），《智慧》

思（Karl Marx）论述人类在资本主义条件下的异化和对于追求解放和公正的社会变革的需求；弗洛伊德（Freud）论述在梦境、玩笑、口误中表现的无意识压抑以及它所揭示出的精神生活核心的非理性；海德格尔论焦虑、非真实社会生活中的麻木冷漠以及对真实存在的需要；萨特（Sartre）论述自欺、憎恶以及渴望人类自由的无用但却必需的激情；阿尔伯特·加缪（Albert Camus）论述在上帝之死造成的荒谬宇宙中的自杀问题；伊曼纽尔·列维纳斯（Emmanuel Levinas）论述我们对他人的无限责任的创伤。这个名单还可以增加。

这就是说，欧陆哲学的吸引力就是，它似乎更为接近人类存在的细微之处。它似乎更忠实于生活的戏剧、人类的希望和恐惧以及我们日常生活中的喜怒哀乐。当然，这并不是说，英美哲学或分析哲学的主流中完全没有涉及这些问题。虽然，在我看来，我们可以公正地说，后者的大部分都是由知识问题占主导地位，以科学的或自然主义的方式对其进行思考，而以牺牲智慧问题作为代价，但这并不能解释诸如路德维希·维特根斯坦（Ludwig Wittgenstein）这样的人物，可以说，作为思想家，他无与伦比的吸引力是基于把哲学的真理与某些关于存在意义的看法，事实上也就是关于某种生活方式的看法结合了起来。这就是说，维特根斯坦思想的富于激励性的愿望可以说是治疗性的。所以，我们说，试图弥补知识与智慧的鸿沟并不是区分分析哲学和欧陆哲学的充分条件。这并不是问题所在。我的基本看法是，试图弥补这个鸿沟应当是一切哲学思考的必要条件。

第二章

欧陆哲学的起源：如何从康德走向德国唯心论

下面几章的任务是要界定欧陆哲学，然后阐明欧陆哲学的独特之处和令人信服之处。我想用双重方式来完成这些任务：即历史的方式和系统的方式。第二章和第三章会考虑历史的发展，而第四章则会对欧陆哲学进行更有争议的、更为系统的阐述。抱着一种系统的、论证式的意图写作哲学史，这种观念自黑格尔 1870 年的巨著《精神现象学》以来就一直是欧陆传统中惯常的方式，《精神现象学》把这两种方法统一了起来。我们也可以在更为当代的著作中看到同样的手法，比如于尔根·哈贝马斯（Jürgen Habermas）的《知识与人类旨趣》（1968）、福柯（Foucault）的《疯癫与文明》（1961）和德里达（Derrida）的《论文字学》（1967），而这在英美哲学中则少见得多。

胡塞尔还是康德：开辟欧陆哲学的两种方式

我们首先来看一下区分欧陆哲学和分析哲学的两种方式。我们可以想象一本关于欧陆哲学的著作开始了对这一主题进行探索的历史，这就是1900年前后出版的胡塞尔的《逻辑研究》——海德格尔将其称为开创了现象学传统的“突破性”著作。这种方法的好处在于可以提醒读者，分析哲学与欧陆哲学的当代分野（或更准确地说，鸿沟）主要在于这样两种传统之间的分野，即受戈特洛布·弗雷格（Gottlob Frege）关于逻辑和语言的革命性哲学启发的传统（包括了早期维特根斯坦、维也纳逻辑实证主义和英美的语言哲学），以及来自于通常与胡塞尔的现象学产生激烈对抗的传统，比如存在主义和解构主义。弗雷格与胡塞尔之间有过重要的联系，1894年，弗雷格针对胡塞尔的处女作《算术哲学》（1891）发表了一篇深刻评论，结果显著地改变了胡塞尔关于逻辑与心理学关系的观点，即：逻辑并不像胡塞尔早期认为的那样，可以还原为心理学。

什么是欧陆哲学？

欧陆哲学这个名称在哲学史上有 200 年的历史，它始于康德 18 世纪 80 年代批判哲学著作的出版。它引发了下面一些重要运动：

1 德国唯心论和浪漫主义及其后继（费希特、谢林、黑格尔、施莱格尔和诺瓦利斯、施莱艾尔马赫、叔本华）

2 对形而上学的批判和“悬疑大师”（费尔巴哈、马克思、尼采、弗洛伊德、柏格森）

3 德国的现象学和存在主义哲学（胡塞尔、马克斯·谢勒、卡尔·雅斯贝斯、海德格尔）

4 法国的现象学、黑格尔主义和反黑格尔主义（科耶夫、萨特、梅洛－庞蒂、列维纳斯、巴塔耶、德·波伏瓦）

5 阐释学（狄尔泰、伽达默尔、里克尔）

6 西方马克思主义和法兰克福学派（卢卡奇、本雅明、霍克海默、阿多诺、马尔库塞、哈贝马斯）

7 法国结构主义（列维－斯特劳斯、拉康、阿尔都塞）、后结构主义（福柯、德里达、德勒兹）、后现代主义（利奥塔、鲍德里亚）和女性主义（伊利格瑞、克里斯蒂娃）

当然，看似有所分歧的分析哲学传统和现象学传统中的特别之处在于，它们都有一个共同的中欧先祖，这就是主要在布拉格活动的哲学家伯纳德·波尔查诺（Bernard Bolzano）和弗朗茨·布伦坦诺（Franz Brentano）二人的思想，后者是维也纳大学的教授，年轻的弗洛伊德曾是他的学生。简而言之，弗雷格和胡塞尔从波尔查诺那里得到的是这样一个观念，即认为思想不是主观的心理经验，而是具有能够加以分析的客观内容。而他们从布伦坦诺那里得到的则是意向性论题：即每个思想都指向世界中的对象，而不是封闭在某种意识的封闭空间里。这两个观念促进了抛弃怀疑论、相对主义和所谓的“心理主义”（这是在 19 世纪初的德国盛行的观点，认为逻辑问题和哲学问题都可以还原为心理机制）。胡塞尔最初就坚持对逻辑和算术进行心理主义说明，直至弗雷格劝说他放弃了这个观点。正是对心理主义的批判以及明确拒绝把哲学还原为实证科学的一切企图，使得弗雷格的语言哲学与胡塞尔的现象学结合在一起。所以，根据这种解释，分析哲学的起源与欧陆哲学的起源具有相同的历史时期、相似的中欧德语世界的地理来源以及共同的哲学敌人。哲学家之间重新建立交流的唯一方式，就是回到这些传统出现分野的历史起点和概念起点。这正是迈克尔・达米特（Michael Dummett）在他有影响的《分析哲学的起源》（1993）一书中采取的策略。达米特叙述了自弗雷格以来的分析哲学史，满怀希望地认为，更为清晰地理解哲学的过去，会是当代哲学家之间达到某种相互理解的先决条件。达米特用恰如其分的严厉话语这样来描述当代的情况：

我并不想假装认为这两个传统中的哲学基本上是一样的；显然，那会很荒谬。我们只有回到它们的分野之处才能重新建立交流。现在隔着深壑叫喊毫无用处。显然，哲学家们决不可能达成一致。然而，他们不再能够相互交谈或相互理解是令人遗憾的事。要得到这样的理解也很困难，因为如果你认为人们走在错误的道路上，你可能就不会有与他们交谈或者自找麻烦批评他们观点的强烈愿望。但我们已经到了这样的地步，我们好像正在不同的学科内工作。

这样，当代哲学的背景就与20世纪初的情况形成强烈的反差。达米特写道：

弗雷格是分析哲学的先祖，而胡塞尔则是现象学的奠基者，这是两个截然不同的哲学运动。比如说，在1903年，对熟悉他们两人思想的德国哲学系学生来说，他们会是什么样子呢？他们当然不会被看作是两个截然对立的思想家，而是两个思想取向上非常接近、但是兴趣上有些分别的思想家。

达米特继续饶有兴趣地把弗雷格和胡塞尔比作莱茵河和多瑙河，“它们的源头离得很近，一段时间有着大致平行的河道，后来却分而流向完全不同的方向，注入不同的海域。”虽然，至少在达米特看来，弗雷格的莱茵河显然是思想的正道（而胡塞尔的多瑙河则流入了欧陆传统的唯心论黑海），但这仍然是很有启发的建设性的意象，在很大程度上动摇了这两种哲学传统之间的区别。

达米特的策略很有吸引力，我会在第六章讨论科学的世界观和阐释学的世界观之间冲突的时候含蓄地使用这个策略：就是说，要得到冲突双方相互理解的一种方式就是回到其哲学源头，即海德格尔和卡纳普之间的僵持局面。然而——这也是区分两个传统的第二种方式——如果我们要理解欧陆传统中的哲学本质，我认为必须从康德开始，正如我在之前所说的，他是分析哲学和欧陆哲学最后一位共同的伟大人物，他宣告了它们的分道扬镳。首先，我们从康德（而不是胡塞尔）开始是出于两条简单的理由：其一，如果不提19世纪的先驱者，特别是黑格尔、马克思和尼采，那么20世纪欧陆哲学的发展基本上就是无法理解的。这对于20世纪30年代以来的法国哲学尤其如此，这个时期的法国哲学完全可以描绘为对黑格尔（科耶夫［Kojève］的著作和萨特早期的著作）、尼采（福柯和德勒兹 [Deleuze] 的著作），或是马克思（阿尔都塞 [Althusser] 的著作）的一系列的回归。其二，19世纪非英语世界的哲学史，至少在英国，不幸很少被收入到本科生的教学大纲中，即使没有读过多少从康德到弗雷格的用德语写作的哲学著作，学生们也仍旧有可能获得哲学学位。因此仍然有必要努力弥补这个鸿沟。

阅读康德的两种方式

分析哲学与欧陆哲学之间的大部分差别，都可以简单地回到**如何**阅读康德以及阅读了**多少**康德这些问题上。这就是说，人们是否仅仅想到的是第一批判，即《纯粹理性批判》（1781）中的认识论问题，或者是想到第三批判，即《判断力批判》（1790）中更大的系统化抱负。我想更深入地探讨一下这个思想。

如果我们关注的是第一批判，那么我们通常关心的是先验演绎论证的成功：康德在这里试图表明，为了体验对象，我们就必须预设他所谓的“知性范畴”的运作，由此才有对之加以理解的人类主体，即后者把大量的、杂乱无章的感觉经验统一到概念之下。因此，正如康德所说，“对象符合概念，而不是概念符合对象。”对康德的这种阅读将会被这样一个问题所引导：他是否成功地为经验知识提供了有效的基础或者说根据，是否成功地回应了休谟怀疑论的挑战。康德说，休谟以如下方式把他从“独断论的迷梦”中唤醒：休谟表明，如果我们认真地对待怀疑论的挑战，那么我们就永远不能确定，我们基于流动的感觉和印象的概念是否充分符合对象本身并产生知识。康德的回应是把这整个问题翻转了过来：他承认，尽管我们永远无法知道物自体，但我们表象的对象却是在一定程度上与我们对物自体的概念相一致的。这种翻转就是康德所谓的哲学上的“哥白尼革命”。经验世界对我们而言的确是真实的，但为了解释我们如何理解这个世界，我们就必须在逻辑上（或用康德的说法是“先验地”）预设一个把直觉统一到概念之下的主体或意识。这就是“先验唯心论”这个论题的大致观念。康德认为，这个论题与经验实在论相一致。从这种角度解读，康德的主要哲学贡献就是认识论，隐含的也就是科学哲学。的确，这正是新康德主义学派对他的主要解读方式，这个学派在19世纪90年代到20世纪20年代后期德国和法国的学院派哲学中占据了主导地位。正是彼得·斯特劳森（Peter Strawson）和其他人的著作中对康德的这种认识论的解读，直到晚近的时期仍然主导着英美哲学对康德的接受。

然而，第三批判的抱负则有所不同。康德试图通过批判判断力沟通知性能力（关注自然知识的认识论领域）和理性（关注自由的伦理学领域）。判断应该是自然领域和自由领域的中介，应该把批判哲学的各种要素整合为一个体系。如果我们采取了这条路线，那么康德哲学的迫切问题就变成了纯粹理性与实践理性、自然与自由之间关系的可信性问题，或者是理论与实践的统一问题。我们下面将会看到，这正是费希特、谢林（F. W. J. Schelling）、黑格尔的德国唯心论以及弗雷德里希·施莱格尔（Friedrich Schlegel）和诺瓦利斯（Novalis）的早期德国浪漫主义所遵

图 3 伊曼纽尔·康德（1724—1804）版画

循的路线。可以说，这正是欧陆哲学至今一直遵循的路线。

康德与哈曼
——纯粹理性批判和对这种纯粹性元批判的需求

让我来重新构建后康德哲学的某些背景，以期更为详细地解释我们如何从康德走向德国唯心论。德国启蒙运动（the *Aufklärung*）的整个计划建基于理性的最高权威，但却遭遇了一种内部的瓦解。这个问题可以简单地描述为：理性的最高权威在于主张，理性可以批判我们的所有信念。康德在《纯粹理性批判》第一版序言中写道：

> 在很大程度上，我们这个时代是一个批判的时代，我们所有的信念都必须接受批判。神圣的宗教和威严的国家都无法免除这种审判而不引起对它们自身的怀疑。

但是，如果这是真的，就是说，如果理性可以批判一切事物，那么，它也一定可以批判自身。因此，如果这种批判的确有效，这里就一定有一种对批判的**元批判**。这正

图 4 约翰·乔治·哈曼（1730—1788）画像

是康德的早期批评家中最有影响力的，也是康德在哥尼斯贝格的同胞，约翰·乔治·哈曼（Johann Georg Hamann）的观点，他发明了“元批判”（*Metakritik*）这个概念，至今仍然是德国哲学中的常用词。如果康德代表了并试图捍卫启蒙运动中的理性主义，那么，哈曼则代表了与启蒙运动相反的声音，这种观点将在名为“狂飚突进”（*Sturm und Drang*）的美学和文化运动以及早期的德国启蒙运动之中蓬勃发展。哈曼在 1758 年一次失败的伦敦商务之旅期间经历了某种有趣的同性恋体验，之后戏剧性地转向了宗教。康德受雇于哈曼在里加的先前雇主，把这位重生的宗教迷带回理性之路，关于哈曼与康德之后这段关系的描述，则是历史小说的最佳素材。

但这里我跑题了。哈曼在 1784 年的《理性纯粹主义的元批判》中批评了康德的形式主义，即他对知识的形式特征的过高评价，以及相信理性可以与经验相分离，先验的东西可以与后验的东西相分离。哈曼的批评预示了他的朋友，也是他长期的邻居弗雷德里希·海因里希·雅可比（Friedrich Heinrich Jacobi）以及黑格尔的批评，并形成了下面这一观点：即认为康德的批判哲学可分解为一系列恶的二元论（形式与内容、感觉与知性、理性与经验、自然与自由、纯粹之物与实践之物等等），而实践理性的首要性完全是抽象责任的空洞的形式主义。在哈曼看来，理性与经验，或者说形式与内容之间的分离是不可能的，因为思想依赖于语言，它当然是两者的混合；这是对之后哲学发展，即向语言学方面的转向的另一个不可思议的预言。你如何能够在语言的实际使用中区分概念和直觉呢？他写道："不仅是整个思维能力依赖于语言……而且语言也是处于对于其自身理性的误解之中。"

所以，如果理性一定要批判一切事物，也就一定有一种对理性的元批判。但如果是这样的话，那么什么东西可以防止这种元批判变成一种激进彻底的怀疑论呢？正如弗雷德里克·贝瑟尔（Frederick Beiser）所说，"噩梦出现了：对理性的自我批判以虚无主义——即怀疑一切事物的存在——告终。这种恐惧就是启蒙运动的危机的主要内容。"我下面将尝试阐明，正是虚无主义概念使得人们可以区分分析哲学与欧陆哲学。这个问题就是18世纪末德国的两个重要冲突——泛神论的冲突和无神论的冲突——的核心，而雅可比则处于两者的中心。

泛神论和无神论的冲突——雅可比的意义

泛神论的冲突始于1785年雅可比的《论斯宾诺莎学说书信集》的出版，这是他与摩西·门德尔松（Moses Mendelssohn）的通信，讨论的是莱辛（G. E. Lessing）晚期对斯宾诺莎主义的令人震惊的认同。当时大多数优秀的思想家都参与了这场冲突，包括门德尔松、康德、约翰·赫尔德（Johann Herder）、约翰·沃尔夫冈·冯·歌德（Johann Wolfgang Von Goethe）和哈曼。巴吕赫·斯宾诺莎（Baruch de Spinoza）在这场冲突之前是被荒谬地丑化为某种理性主义的泛神论者，或者更糟糕地，是一个邪恶的无神论者。这场冲突附带的一个结果就是结束了这种丑化，以诺瓦利斯将其描绘为“醉神之人”（*Gott vertrunkene Mensch*）告终，但这并不是真正的问题所在。雅可比利用了莱辛对斯宾诺莎主义的认同，提出了对启蒙运动的发自内心的批评。雅可比的观点是，首先，斯宾诺莎的哲学就是理性主义的范式，而且，理性主义，只要一直坚持下去，就会走向无神论。所以，与启蒙者（*Aufklärer*）康德相反，理性导致了宗教信念或道德生活的基础的瓦解。如果是这样的话，雅可比补充说，那么我们就要作出清楚而且更为明确的选择：或者是欢迎启蒙运动的理性的无神论，或者是通过信念的非理性跳跃而抛弃无神论。雅可比在阅读帕斯卡时获得了这一灵感，在帕斯卡看来，“没有什么会像否定理性那样如此与理性相一致。”这就是说，理性的正确运用使得我们必须承认超越它的东西：信念的领域。雅可比对帕斯卡赌注的看法也对另一位后来的世俗理性主义宗教批评者至关重要，此人就是索伦·克尔恺郭尔（Søren Kierkegaard）。理性和合理性地位与人类存在的诸多非理性之间的这一冲突，迄今为止一直处于欧陆传统分歧的核心，如 20 世纪 80 年代和 90 年代早期占据主导地位的现代主义与后现代主义之争。贝瑟尔恰当地指出，“毫不夸张地说，这场争论提出了整个欧陆传统的界定问题，即理性权威的问题。这样，所谓的‘后现代困境’实际上开始于 1786 年。”

决定欧陆哲学道路的另一个问题是无神论的冲突，这场冲突始于 1798 年，1799 年导致费希特因信奉无神论的指控而被免去耶拿大学哲学系系主任的职位。这场冲突缘起于 1798 年出版的各种匿名的攻击性小册子，随后就是

图 5 弗雷德里希 · 海因里希 · 雅可比（1743—1819）画像

图6 埃米尔·多斯蒂灵，虚构的康德家的晚餐，在座者有哈曼、雅可比等（1801）

费希特以及现在已鲜为人知的弗雷德里希·C. 费尔伯格（Friedrich C. Forberg）在杂志上发表的论宗教和道德地位的文章。费希特被免职是一件相当令人不快和惋惜的事情，与伯特兰·罗素（Bertrand Russell）本人 1940 年在纽约遭遇的无神论冲突有相似之处，当时他由于宣传无神论和开明的性道德观点招致针对他的人格诋毁运动，因此被阻止担任纽约城市大学的教职。金凯太太领导了这场反对罗素的运动，她的律师约瑟夫·戈尔茨坦把罗素描绘为“淫荡好色、贪婪纵欲、色情狂、傲慢狭隘、不诚实、道德沦丧”的人。真是荣耀之至！从苏格拉底的时代以来，哲学家们一直都背负着腐蚀了青年人的道德这一骂名。虽然 18 世纪 90 年代的耶拿和 20 世纪 40 年代的曼哈顿不尽相同，但我们应当牢记的是，耶拿正是这个时代德国思想生活的哲学中心，是当时许多伟大思想家的家园(费希特、施莱格尔兄弟、诺瓦利斯、谢林)，也是炼就了德国早期浪漫主义，或称耶拿浪漫主义的熔炉。

虽然历史上这场争议的细节很是有趣，也多少有些使人感到压抑，但它却随着雅可比 1799 年发表了举足轻重的《致费希特的信》而在哲学上变得重要起来。在这封信中，我们看到**虚无主义**这个概念第一次用于哲学上。简单地说，在雅可比看来，费希特的立场，即我们所称的费希特唯心论，就是虚无主义。要理解他这种说法的含义，就必须联系上述康德对于传统形而上学的批判的泄气效果，它不仅否定了人类可以认识到古典形而上学的思辨对象（上帝、灵魂），而且消除了认识自在之物和康德所描述的自我之“本体”（noumenal）基础，即没有现象呈现的可能性。雅可比的基本观点是，费希特重建康德的先验唯心论，导致了一种贫瘠的**自我主义**，即没有任何关于客体或主体自身的知识。这是一种虚无主义，因为它允许自我之外或离开了自我就无物存在，而自我本身则仅仅是“自由的想象力”的产物。雅可比在一段非同寻常的文字中申辩道：

如果我可以反思到的，也就是我可以沉思到的最高之物，就是我纯粹空洞、十足赤裸的自我，它自身是自由自主的：那么，理性的自我沉思以及合理性，在我看来就是一种诅咒——我哀叹我的存在。

针对他所认为的费希特唯心主义的一元论，雅可比提出了一种哲学的二元论，认为在对真理（*die Wahrheit*）的哲学专注之外还有真事物（*das Wahre*）的领域，只有信仰和心灵才能触知这个领域。又一次，雅可比对费希特的批判使人很容易联想到帕斯卡对笛卡尔的批判，即，虚无主义是基督教世界观给世俗化的理性主义扣上的罪名。因此，我们面临的存在选择，既无法得到理性证明但又必须下注的选择，就是在费希特的唯心论与雅可比的二元论之间二者择一，前者是一种虚无主义，因为它未提供任何超出自我投射之外的知识，而后者则被雅可比自我嘲弄地描述为“幻想主义”，因为它声称上帝就是理性的本质，但却不能合理地证明这一点。雅可比得出结论：

但人类拥有这样的选择，这个唯一的选择：空无或者一个上帝。选择了空无，他就使自己变成了一个上帝；就是说，他使一个幽灵变成了上帝，因为如果没有上帝，那么人类以及周围的万物就不可能不仅仅是一个幽灵。我再重复一遍：上帝是一个在我之外的活的存在，自身就存在着，或者我就是上帝。没有第三者。

否定了上帝，我们就面临着把人类变成上帝的风险。这就是说，康德和费希特的唯心论中存在着一种普罗米修斯似的诱惑，即人类变成了上帝的某种复制品，由空无中创造而生（值得回想一下，雪莱夫人［Mary Shelley］的小说《弗兰肯斯坦》（1819）副标题就是"现代的普罗米修斯"，某种怪物给启蒙运动的科学理性主义投下阴影）。

为了表明这种思想在欧陆传统中的意义，让我再举几个例子。如果虚无主义是对哲学的自我主义的指责，其中前康德世界观中一切坚实的东西都烟消云散，那么，我们就会在马克斯·施蒂纳（Max Stirner）的不寻常的著作《唯一者及其所有物》（1844）的自我主义中找到对雅可比的批判的怪异的证明，这本书在马克思和弗里德里克·恩格斯（Friedrich Engels）的《德意志意识形态》（1846）中遭到了大篇幅摧枯拉朽的批判。被雅可比贬低为虚无主义的东西，施蒂纳却以无政府主义姿态将其推崇为个人的自由。施蒂纳认为，如果我是无，那么，"我不是在空洞意义上的无，而是创造性的无，我由此作为创造者创造了万物。"施蒂纳试图表明，黑格尔和路德维希·费尔巴哈（Ludwig Feuerbach）对宗教的批判仍然无可救药地落入了宗教思维方式的羁绊，而他这种尝试导致的反常结果则是，他在回答“人是什么”这个问题的时候，把自我转换为了上帝的复制品。人类成了自我造成的原因，类似中世纪神学的目的因（the *causa sui*）。施蒂纳在一个世纪后的萨特存在主义那里得到了奇怪的共鸣，人类在没有上帝的、虚无主义的世界中拥有了情绪激昂的自由，变得如上帝般神圣。这就是为什么萨特在《存在与虚无》的结尾会说，“人是无用的激情。”

我们还可以看到，雅可比关于帕斯卡赌注的说法在陀思妥耶夫斯基（Fyodor Dostoevsky）的小说《群魔》（1871）对虚无主义者基里洛夫的刻画中得到了回应。

> 每个渴望最大自由的人，一定都敢于自杀。而敢于自杀的人就已经获知了欺骗的秘密。除此之外就没有自由；这就是全部，除此之外就一无所有。敢于自杀的人就是一个神。现在，每个人都能做到这一点，以使得没有上帝，有的是空无。但是迄今还没有人这样做。

陀思妥耶夫斯基把这种立场称为“逻辑的自杀”。他在日记中这样写道，一旦人类把自己提升到了牲畜之上的程度，那么，关于人类存在的“基本的”、“最高的”和最为“崇高的”观念就变成了绝对是完全必要的：相信灵魂的不朽。一旦这个信念坍塌了，就像陀思妥耶夫斯基在19世纪60年代的俄罗斯知识分子阶层的虚无主义或麻木不仁中看到的那样，自杀就成为了唯一的逻辑结果。这样，不再相信灵魂不朽的基里洛夫曾想写一本书，探究为什么人们不去自杀。

因此，人们会说，欧陆传统中有一条从哈曼和雅可比对康德的批判走向克尔恺郭尔、施蒂纳和陀思妥耶夫斯基的宗教的，而实际上是非宗教的反理性主义，再走向萨特和加缪的战后法国存在主义的道路。

统一康德的二元论

18世纪80年代至90年代批判康德哲学的附带的效果是，启蒙主义对于理性的信念似乎比以往更为可疑了。正如贝瑟尔所说，“康德并不是在阻挠而是在煽动理性的自我毁灭，走向深渊。”对康德的这种看法在哲学上是否

图 7 弗雷德里希·哈格曼，康德准备芥末的画像（1801）

可以得到证明，这显然是另一个问题。关键在于，围绕着如何界定欧陆哲学传统的一系列争论都离开了这个观点，而我的观点则是，欧陆哲学只能基于这一点加以理解。

让我最后回到前面的论证，即康德给我们留下了一系列需要统一的二元论。这是由被康德视为他的最好批判者的哲学家提出的反对意见之一，他就是萨洛蒙·迈蒙（Salomon Maimon）。迈蒙的批评发表在1790年的《论先验哲学》中。他的核心论点是，康德处于先验唯心论核心的知性与感性之间的二元论很是极端和深刻，它阻止了先验概念与经验直觉之间可能的相互作用。这就是说，先验演绎的论证正是由于康德为了实行这种演绎提出的二元论而变得无效了。这就是某些欧陆哲学家喜欢说的“施为性的自我矛盾”。

这里重要的是要看到，迈蒙的批评是如何为后康德主义哲学确定了基调，我们如何克服康德体系中致命的二元论呢？我们需要的是某个更高的统一原则，它可以免于这些批评。费希特和德国唯心论正是从这个问题开始的。费希特把这个统一原则确定在主体活动之中。理论与实践的二元论被统一到主体的自我反思，即自由意识之中。这就是费希特在著名的《知识学理论》(1794)中探讨的观点。与之相反，对年轻的谢林来说，这个统一原则是力或生命的概念，这在他早期的自然哲学中得到了表述。在黑格尔看来，它就是精神概念，在叔本华那里，它就是意志概念，对尼采来说就是权力，对马克思来说就是实践，对弗洛伊德来说就是无意识，对海德格尔来说就是存在。这个名单还可以继续补充。这里的关键是，欧陆哲学的主要问题都出自对康德的批评，因此也必须在这个背景中加以理解。

第三章

视物的眼镜和眼睛：哲学中的两种文化

看出欧陆哲学与分析哲学的这种区分存在重大问题，并不需要有多聪明。欧陆哲学在很大程度上是一系列兼收并蓄、互不关联的思想潮流，很难把它们说成是一个统一的传统。这样，欧陆哲学是一种**发明**，或者更准确地说，是英美学派在欧陆的**投射**，欧洲大陆并不承认这个称呼的合法性——这有点像在巴黎要一份欧陆式早餐。

然而，如果把欧陆哲学这个概念依其表面看作是一个地理范畴，那么，又会引起其他问题。有些哲学家来自欧洲大陆，比如弗雷格和卡纳普，但他们并不被认为是欧陆哲学家，而有些哲学家在欧洲大陆之外，但却被看作欧陆哲学家。而且，从地理上说，问题就变得更为复杂。达米特曾正确地指出，“英美哲学”（与“欧陆哲学”具有同样明显的地名准确性问题）这个名称弊大于利，因为它将分析哲学剥离了其德语世界的起源。达米特有些恶作剧般但却很准确地提出了一个替换名称“英奥哲学”。

对分析哲学与欧陆哲学区分的一个意义更为深远的反对意见是由伯纳德·威廉斯（Bernard Williams）提出来的，他认为，这个区别混淆了地理上的术语和方法论上的术语，就像是我们把汽车分作前轮驱动的汽车和日本车一样。虽然分析哲学通常是与某些地方强有力地联系在一起的，比如说牛津或普林斯顿，但它涵盖了某种哲学论证的方法、某些论证以及清晰性和严格性的标准，而欧陆哲学则是指某个地方，不考虑什么方法论。因此，在威廉斯看来，分析哲学与欧陆哲学的区别基于混淆了方法论范畴和地理范畴的比较。

然而，即使严格地按照地理上的范畴（比如“英美哲学”与“欧陆哲学”）或者按照方法论范畴（比如“分析哲学”与“现象学”）重新表述这两对术语，仍然无法纠正这种混淆。如果从地理上重新表述这种对立，那么就会使事情变得更糟，因为这就会错误地暗示，英国、北美和大洋洲的哲学从界定上来说属于非欧陆的哲学，而分析哲学的奠基者（弗雷格）和最重要代表（维特根斯坦）无疑就是欧陆哲学家。如果是从方法论上重新表述这种对立，那么这就几乎根本无法解释，在这个界限的一边，很少有哲学家能被说成是在从事传统形式的哲学分析（且不提对最近几年的“后分析”哲学的所有讨论），而在另一边，则完全不存在任何范畴可以涵盖在方法论和主题上相对的这些思想家的思想，如黑格尔和克尔恺郭尔、弗洛伊德和马丁·布贝尔（Martin Bubcr）、海德格尔和阿多诺（Adorno）或者是拉康（Lacan）和德勒兹。

威廉斯对在哲学学派和学说之间进行这种区分提出了理由充分的质疑，因为它掩盖了就哲学本身的特性而论更为深刻、更有意义的可能的辩论，并使其无法进行。尽管不得不批评威廉斯的是，基于对哲学与自然科学程序之间颇有疑问的类比，哲学的特性在他看来以分析哲学为最好的代表，因为它具有“精巧的真实性”这种更体现人的特点的长处，但他在这里显然有一定道理，我在本书的结论部分将会回到这个论题。要把某人归属为所谓的哲学分野的任何一方，最后都会有些狭隘，在思想上也是怯懦的，因为这阻止了可能的思想挑战，这种挑战是超越我们专业固守范围的对话的结果。

一些残留的陈规

然而，在将分析哲学与欧陆哲学之间的区分放到一边之前，至少应尝试一下去诊断和祛除某些残留的文化陈规。哲学的专业固守范围会继续存在，现在的问题就是要通过探讨一些选择的例子，找到之所以如此的原因。

斯坦利·罗森（Stanley Rosen）以讽刺挖苦的口吻熟练地概括了分析哲学与欧陆哲学之间区别的模式化的表达："精确性、概念的清晰和系统上的严谨，这些就是分析哲学的特性，而欧陆哲学家则沉溺于思辨的形而上学或文化阐释学，或者是依赖于人们的同情，沉溺于胡思乱想、平庸乏味。"我担心，这种成见会因为新闻界的争论和某些糊涂的专业哲学家的评论而进一步加深。作为后一种情况的例子，人们只需想想 1992 年剑桥的德里达事件就够了，剑桥大学某些举足轻重的人物反对授予德里达名誉博士学位。在反对派输掉了投票表决的第二天，一份有分量的英国报纸刊出了大标题"认知的虚无主义袭击了英国城市"。

1960 年在法国举行的一个关于分析哲学的研讨会上，

在吉尔伯特·赖尔（Gilbert Ryle）的论文发言之后进行的过激而臭名昭著的讨论中，分隔分析传统与欧陆传统的鸿沟得到了最为清楚的表述。当时，梅洛–庞蒂申辩说：“我们的纲领不是一样吗？”对此赖尔回应道：“我希望不是。”正是这个“我希望不是”，这个面对欧陆明显异国情调的坚定的“不是”，恰好揭示了一种在哲学中应当没有地位的意识形态偏见。这就是撒切尔夫人在拒绝雅克·德洛尔（Jacques Delors）的欧盟计划时说的“不！不！不！”而这成为她1990年政治生涯衰落的起因。这里的悖论是，年轻的赖尔是作为现象学的提倡者开始他的哲学生涯的，他1930年发表在《心智》杂志上的处女作就是对海德格尔的《存在与时间》的引人注目的全面评论，而他30年代在牛津的讲座对波尔查诺、布伦坦诺、弗雷格、迈农（Meinong）和胡塞尔进行了广泛论述。达米特低调地说：“极其遗憾的是，他关于那些作者的了解几乎都没有以文字形式保留下来，同样，在我看来，他从他们那里学到的东西在他后来的思想中也几乎没有保留下来。”

还是有关梅洛–庞蒂，艾耶尔（A. J. Ayer）在他的自传中用以下回忆雄辩地证明了分隔分析哲学家与欧陆哲学家的这个鸿沟：

> 人们或许会希望，梅洛-庞蒂和我应当找到共同的讨论基础。我们的确在一些场合中尝试过，但这种努力没有进行多久我们便开始就某些双方均不愿让步的原则问题争吵起来。由于这些争论往往会变得尖刻，我们心照不宣地把它们搁置一下，只进行单纯意义上的社交，这仍然会使我们有足够的话题进行谈论。

这听上去有点像是达米特说过的那种隔着鸿沟喊叫。另一个也涉及到艾耶尔的例子更为有趣，甚至多少有些不大可能。这涉及到艾耶尔与最为极端的欧陆思想家乔治·巴塔耶（Georges Bataille）之间的会面，巴塔耶是一位反哲学家、不可知论者、反神学者、色情主义者。他们于 1951 年在巴黎一个酒吧相会，在场的还有梅洛-庞蒂。显然，这场讨论一直持续到凌晨三点，而讨论的主题则非常简单：在人类存在之前太阳存在吗？艾耶尔认为没有理由去怀疑这一点，而巴塔耶则认为这整个命题毫无意义。对于一个接受科学世界观的哲学家来说，比如像艾耶尔，说类似太阳这样的物理对象先于人类的进化存在，这是有意义的。而对于对现象学更为通晓的巴塔耶而言，物理对象一定是从人类主体的立场得到感知才能说是存在的。假如在这个命题所假定的时间没有人类存在，那么说太阳先于人类存在就是没有意义的。巴塔耶得出结论说：

我应当说，昨天的对话产生了令人震惊的结果。法国哲学家与英国哲学家之间存在着一种深渊，这是我们在法国哲学家与德国哲学家之间没有看到的。

作为揭示了欧陆哲学仍旧面对的这种挥之不去的成见的例子，我们可以作为个案研究探讨一下安东尼·奎因顿爵士（Lord Anthony Quinton）晚至1995年发表在《牛津哲学指南》上关于分析哲学与欧陆哲学的两篇文章。奎因顿关于分析哲学的文章很好地概括了逻辑原子主义和逻辑实证主义，虽然它过于简单而无法用于说明这个领域战后的发展情况。他在结论中提到了分析哲学家希拉里·普特南（Hilary Putnam）和罗伯特·诺齐克（Robert Nozick）："他们秉承分析的精神思考和写作，尊重科学，将其看作合理信念的典范，符合分析精神的严谨论证、清晰性和坚定的客观性。”然而，同样是这种坚定的客观性并没有出现在奎因顿关于欧陆哲学的相应文章中。文章一开始，十分合情合理地，奎因顿适时指出，在英国，欧陆哲学的流行含义是第二次世界大战后才新附加上的。他还对作为拉丁中世纪和文艺复兴时期显著特征的哲学研究的统一作了有价值的评论。那是英国哲学家与欧陆哲学家之间一场令人欣赏的、毫无争议的对话，一直延续到启蒙运动时期，当时，洛克阅读的是笛卡尔、伽桑狄（Gassendi）和马勒伯朗士（Malebranche）的著作，休谟读的是培尔（Bayle），并对卢梭有所了解，穆勒研究的是孔德（Comte），如此等等。到此为止，没有发生什么分歧。然而，奎因顿接着说，“实际上在这两个哲学世界之间并没有可以觉察到的融合，”而且，好像是为了证明他的观点（当然是无意的），他对存在主义、结构主义和批判理论都给出了相当令人震惊的概括：第一个遭到了摒弃，（但却没有恰当地涉及现象学），因为它依赖于“戏剧性的、甚至有些夸张的说法，而不是持续的理性论证”；第二个被说成是“到福柯时推到了高潮，而在德里达那里超越了自身，在外围思想空间中得到了呼应”；第三个则是以下面的话令人困惑地匆匆了结：“批判理论家们明显的政治意图打消了号称保持中立的分析哲学家们一方的任何兴趣。”如果这些评论可以说是展现了对中立的坚持，更不用提以上所说的严格性、清晰性和坚定的客观性这些优点，那么，完全可以认为奎因顿的信念是有道理的，即在这两个哲学世界之间并没有任何可能的融合。毋庸赘言，这种评论不仅是不正确的，而且我认为，在思想上也是狭隘的，其作用只会使这种有害的文化成见永远继续下去。

欧陆哲学——专业的自我描述和文化特征

那么，我们如何解释分析哲学与欧陆哲学以及两派哲学家之间的这个鸿沟呢？至少在英国的读者看来，“欧陆”这个形容词很容易使人们联想到这个形容词的其他用法，比如“欧陆式早餐”，或者是我母亲那时候常用的说法“欧陆式盖被”。这就是说，正是这个地理词，或者说是**地名**，指存在于特定地方（即欧洲大陆）的某个东西。这个形容词引出了欧陆的和非欧陆的区分，而从英国人的角度看，这个区分常常有恶化成英国人与欧陆人之间的对立之虞，欧陆人被界定为外来的、异国情调的、陌生的，而英国人则被看作亲切的、本土的、熟悉的。这样，“欧陆”这个概念就暗指了看起来难以对付、老实说让人十分讨厌的政治地理学问题，这就是，究竟是英国脱离了欧陆还是欧陆脱离了英国（回想一下那个臭名昭著的报纸标题：“浓雾笼罩海峡。大陆遭到阻隔”）。

现在，我想就欧陆哲学的历史意义说两点。首先，这本质上是一种专业的**自我描述**：就是说，这是哲学家们和哲学系组织研究和教学的一种方式，表明了他们的思想联盟。从这种意义来说，欧陆哲学是哲学专业化的一个特征。在这种严格意义上，“欧陆哲学”这个概念是新近才创造的。虽然人们对于欧陆哲学的概念被视为专业描述的起源并不存在什么共识，但在 20 世纪 70 年代之前欧陆哲学并未成为哲学专业本科生和研究生课程的名称。显然，它在美国出现的时间早于英国，而在英国，直到 20 世纪 80 年代初，才在埃塞克斯大学和华威大学开设了关于欧陆哲学的研究生课程。在美国，以及较小程度上在英国，“欧陆哲学”一词代替了以前所说的“现象学”或者“现

图 8 彼得·保罗·鲁本斯（1577—1640），《四位哲学家》

象学与存在哲学”。这些术语还保留在英语世界中与欧陆哲学关系最为密切的专业学会的名称中，比如 1962 年建立的“现象学与存在哲学学会”和 1967 年建立的“英国现象学学会”。这样看来，在战后时期，欧陆哲学在广义上就等于现象学（通常带有存在哲学的外表），这也反映在 20 世纪 60 年代之后美国一些介绍性著作的名称中:《现象学导引》（1965）和《现象学在美国》（1967）。1983 年出版的《欧陆哲学在美国》正是模仿和变换了后一本书的名称，这一点似乎具有暗示性。“现象学”为什么被替换成了“欧陆哲学”，其原因并不十分明了，但这似乎是要引导人们去考虑各种所谓的法国后结构主义思想运动，它们逐渐远离了现象学，并常常对现象学采取敌视的态度：这种倾向较弱的是拉康、德里达和利奥塔（Lyotard）的思想，较强的则是德勒兹和福柯的思想。

分析哲学与欧陆哲学之间的这种实际上的区分，可以在各种各样的哲学的随附现象中看到，比如要求求职者是“欧陆主义者”，以及在出版社的分类目录中，其中专门有几页就是关于欧陆哲学的，通常放在目录的后部。约翰·塞尔（John Searle）就洋洋得意地断言，分析哲学在英语世界有一种近乎垄断的专业霸权地位，而各种类型的非分析哲学（比如现象学）就感觉需要界定自己与这种霸权关系的地位。然而，虽然有这种毫无争议的霸权，在英国、爱尔兰、加拿大和澳大利亚仍然有一些大学以欧陆哲学为专门研究领域，在美国就更多，大多是一些天主教大学，但也有一些明显的例外。在那些分析哲学占主导地位的哲学系里，常常有一些课程或文章是关于“近代欧洲哲学”、“后康德哲学”或“现象学和存在主义”，这些课程的开设有时是为了满足学生们的要求，这在这个领域中通常很重要。而且，欧陆哲学的影响力在英语世界，特别是它最近的法语版形式，被认为在哲学系之外比在哲学系之内更为强大，它在很大程度上影响了人文社会科学中的许多理论创新：文艺理论、艺术史和理论、社会和政治理论、文化研究、历史编撰学、宗教研究和人类学，更不用说在美术、建筑、女性主义和心理分析领域的争论。特别发人深省和重要的是，英语世界对欧陆思想的接受大部分都发生在哲学系之外。

然而，假如这就是事情的完结，那么，对欧陆哲学的讨论，就会像是在人文社会科学中的其他专业分歧一样，没有什么普遍意义。要想解释反映在奎因顿的轻蔑和巴塔耶的震惊中围绕欧陆哲学的争端的这种持续不断的烦躁不安，我们就得作出第二个说明。这就是说，欧陆哲学概念作为一个专业的自我描述，更有争议，更具破坏性，因为它涵盖了一层更为古老的**文化**意义，回到了关于英国和英语世界与欧洲大陆之间关系的争论上，比如，这些争论在当代英国政治中就大量存在。在这种意义上，有关哲学传统的认同问题就完全陷入了政治地理学的意识形态偏见之中，表达为这样一些错误模糊的概念，比如“英国的经验主义”、“法国的理性主义”、“德国的形而上学”等等。

约翰·斯图尔特·穆勒的有趣案例

英国哲学与欧陆哲学之间关系的思想史，至少可以追溯到16世纪末和17世纪，追溯到出现了用本国语言（比如法语和英语）而不是用拉丁语书写哲学的时候。这里最为明显的标志就是蒙田（Montaigne）1580年用法语出版了《散文集》，培根1605年用英文出版了《学术的推进》。但可以解释我们所界定的“欧陆哲学”出现的关键因素，我相信则是开始于很晚以后，即在法国革命之后，英国接受了康德、德国唯心论和浪漫主义的那些年。这里的关键人物是诗人塞缪尔·泰勒·柯尔律治，以及他对德国唯心论和浪漫主义深有影响的、可以算作是具有个人特色且不合常规的理解。在这方面最有吸引力的是穆勒于 1832 年和 1840 年发表在《伦敦和威斯敏斯特评论》上关于边沁的两篇长文。在论及德国对柯尔律治的影响时，穆勒谈到“欧陆哲学家”和“欧陆哲学”。他也谈到“德国的柯尔律治理论”和“法国哲学”。早在论柯尔律治的文章中，穆勒就写道：

谁能掌握这些前提并把这两个人［柯尔律治和边沁］的方法结合起来，谁就掌握了他们那个时代的整个英国哲学。柯尔律治曾说过，每个人都生为柏拉图主义者或者是亚里士多德主义者：同样可以肯定的是，目前每个英国人都是潜在的边沁主义者或者是柯尔律治主义者；他们对人类事务的观点，是只有根据边沁的原则或者柯尔律治的原则才能证明为真的观点。

这里的有趣思想是，边沁和柯尔律治的结合就使人们看到了这个时代英国哲学的全貌。而这两种相互关联的倾向因此就被赋予了两个问题：穆勒认为，边沁对古代的理论或众所周知的看法都是质疑：“**它是真的吗？**”而柯尔律治询问的是，“**它的意义是什么？**”所以，“欧陆哲学”关心的是意义，而与之相反的边沁主义则关心真理。用我开篇的概要模式来说，如果边沁关心的是知识问题，那么，柯尔律治关心的就是智慧。

当然，我们完全可以对穆勒在这里所说的话作一番心理分析，因为在 1826 至 1827 年的冬天，他经历了一场严峻的“心理危机”。穆勒像许多年轻人那样自问道，如果他一生中的所有目标都得以实现，他是否会感到幸福；他不得不回答说，他不会幸福。穆勒出色的实利主义教育给他带来的是知识，但智慧，或者确切地说是幸福，却并不够用。穆勒通过阅读华兹华斯（Wordsworth）的诗歌，一定程度上克服了自己的沮丧情绪，他写道，“从它们［诗歌］那里，我似乎学到了什么是幸福的永恒源泉。”用穆勒的话说，他知道了“我不是一根木头或一块石头”，他最后不同意边沁的这个判断，即“诗歌不过就是一个微不足道的东西”。穆勒确信它绝不是微不足道的，并沉浸于阅读柯尔律治主义者及其德国前辈的著作，比如被穆勒推崇为“多面手”的歌德以及人文主义哲学家和语言学家威廉·冯·洪堡特（Wilhelm von Humboldt）。历史学家托马斯·卡莱尔（Thomas Carlyle）询问穆勒，他是否完全改变了对一切事情的看法，穆勒回答道，“我相信眼镜，”暗指他一直被教导所要遵循的逻辑，但又补充说，“但我认为眼睛也是必要的。”

回到穆勒的两篇文章，边沁是伟大的“**颠覆者**”，或者“用欧陆哲学家的语言说，是他那个时代和他的国家的伟大的**批判**思想家”。这种颠覆性的批判所使用的是逻辑分析和经验感觉的方法，寻求的是“实践事务”的真理。在穆勒看来，边沁是休谟的怀疑论在实践方面的延伸，特别是在法律和政府领域的运用。凭借他的聪明才智，边沁以社会改良主义的精神运用了这些批判才能，推进了公众福祉。另一方面，柯尔律治并不关心寻求关于万物的真理，而是关心寻求它们的意义。这样，他的方法就不是去解构已经认可的学说和传统，而是提出对这些学说和传统的意义进行阐释学重建。用现代术语来说，考虑到

图 9 约翰·斯图尔特·穆勒（1806—1873）的漫画形象

昆廷·斯金纳（Quentin Skinner）富有影响力的思想，我们会把这叫做一种处理问题的“语境主义”方法。这就是说，如果我们想要**理解**某个实践活动、事件或者是文本的意义，那么，我们就要重构它在历史上的出现，把它放到社会生活和政治生活的复杂脉络之中。在这种意义上，或许令人惊奇的是，“柯尔律治式的欧陆哲学”正是传统上的保守主义，是社会变革的最大敌人，而边沁则是对传统进行解构，因而是社会变革和进步的朋友。人们通常以相反的方式来理解对传统或趋势的区分，即分析哲学被看作是保守的，是在那种有着皮质镶边椅的上层休息室里的乏味闲聊，而欧陆哲学则与之相反，是时髦独特的、有着街头智慧的、身着皮上衣的。有趣的是，我们会有机会看到卡纳普与海德格尔冲突中类似的政治分野，前一位是进步的改良主义者，而后一位，在最极端的时候，则是保守的反动分子。

我们可以从穆勒的论述中概括出其中一些对立：

边沁	柯尔律治
真理	意义
批判性解构	阐释性重构

社会变革和改良	社会保守主义
进步	传统
（分析的）	（欧陆的）

这样看来，分析哲学与欧陆哲学之间的差别就不是不同地方的地理上的差别，比如英国与欧陆的差别，而是一种所谓的“英国人的哲学心灵”内在的差异。换句话说，这是某一种文化天生具有的差异，这种文化由此就内在地进行了分割，被完全宗派化了。穆勒比较了哲学的冲突与宗教的偏狭，意味深长地指出了这一点。

英国的哲学精神如同宗教精神一样，从根源上仍然是宗派的。保守的思想家与自由主义者，先验论者与霍布斯（Hobbes）、洛克的追随者，互相把对方看作超出了哲学讨论的界限，把对方的思考看作受到了原罪的污染，这使得他们的所有研究，除了出于攻击的目的之外，即便并非是恶意的，也都是毫无用处的。

虽然这写于 150 多年前，但却很好地描述了许多哲学家看待处在把他们分割开来的海峡——或者院系走廊——

对面的专业对手的方式。专业的哲学冒险，就像宗教冲突一样，具有了派性，人们只是为了准备攻击敌人才去研究对方。但我们还是不要过分纠缠于这种令人厌恶的细节。

那么，应当做什么呢？穆勒提出了以下有趣的建议。

因为，在那些长期为欧陆哲学家所认可、但却几乎没有英国人得到过的真理之中，其中重要的一点是对抗性的思维方式，虽然目前的表现方式是不尽完善的心理科学和社会科学：这对思考的双方都是必要的，就像是政治制度中的相互监督权力。的确，对这种必要性的清晰看法是哲学宽容的唯一理性的或持久的基础……

穆勒继续补充道，哲学事务中的最大危险，

与其说是在真理中包含了错误，倒不如说是把部分真理当成了全部。可以有理由认为，在社会哲学的几乎每个主要争论中，无论是过去的还是现在的，争论双方对于他们肯定的东西都是有道理的，然而对于他们所否定的东西却多有偏颇；如果任何一方都能够在自己的观点之外考虑一下对方的观点，那么也就不会再需要什么去使自己的观点保持正确了。

可以说，这段话给了我们不少启示。首先，“欧陆哲学”所共同遵循的一个真理就是对抗性思维方式的必要。就是说，真理并不在于整体中的某个部分，而是要通过反思这样一个整体才能获得。尽管穆勒并没有提及黑格尔，但这正是黑格尔的思想，接近于黑格尔的“辩证法”概念。在《精神现象学》序言中，黑格尔写道，“真理是整体”，这就是说，如果人们要获得哲学事务中的真正智慧和知识（黑格尔称之为“绝对的知”），那么就必须将构成哲学的历史和现实的浩瀚无边的命题和观点，视为每一个都表达了一粒真理。从一堆稻谷中拿起一粟，就意味着可能失去了人们原本可以从整堆谷粒中烤制出的那个味道浓郁的面包。

穆勒比较了对这种对抗论或辩证法与监督和制衡的需求，后者是自由民主的政府制度的精华所在。一种存在竞争党派的政治制度，其合理性就在于，反对党的责任就是要不断地考察执政党的政策和立法，如果角色掉转也是如此，它们必须这样做。那么，根据穆勒的乐观看法，哲学上的错误就是将部分真理当成了整体，或者像黑格尔所说的那样，担心出错压过了对真理的渴望。在这种意义上，这并不是要决定边沁和柯尔律治谁对谁错的问题，而是把这两种哲学倾向看作共同表达了更大的真理，就是说，人类关注的是真理与智慧这两个问题，他们既需要赖以观察的眼镜，也需要看待事物的眼睛。哲学既需要批判的和逻辑的解构，也需要耐心的阐释学重建。这样，分析哲学和欧陆哲学就是更大的文化整体的两个部分，哲学事务的真理并不是通过肯定一方否定另一方得到的，而是像穆勒所说的那样，“在自己的观点之外考虑一下对方的观点。”

哲学中的两种文化

综上所述，我对欧陆哲学作出了两种历史断言：它是一种专业的自我描述，也是一种文化特征。作为一种自我描述，欧陆哲学是这门学科专业化中必要的（但或许是过渡性的）灾难。作为一种文化特征，欧陆哲学至少要追溯到穆勒的时代，他教导我们的是，哲学传统的分野表达的是内在于“英国性”的冲突（而且甚至是一种宗派的冲突），而不是英语世界与欧洲大陆之间地理上的对立。这样，分析哲学与欧陆哲学之间的鸿沟表达的是分庭抗礼的思维习惯之间的分野，我们可以把它们叫做“边沁式的”思维习惯和“柯尔律治式的”思维习惯，或者经验的－科学的思维习惯和阐释的－浪漫的思维习惯。穆勒更深一层的看法在于，要发现哲学和文化上的真理（无论它们是什么），并不是通过选择立场，由此把某一方面错认为是整体。相反，用黑格尔的话说，真理就是整体，而整体只有在系统的运动和历史的发展中才能得到理解。本书就是希望能够对这种理解有所贡献。

我相信，分析哲学家们对欧陆哲学表现出的大多数敌意和怀疑，都是由于对这样两种说法（专业的和文化的）的毫无助益的混淆以及对立场的选择。但这种敌意并非总是单方向的。除了某些分析哲学家具有的边沁式的粗鲁之外，这种敌意也来自某些欧陆哲学家的柯尔律治式的疯狂，他们未能把握其文化定位的条件，而是说着他们部落式的语言。例如，海德格尔和德里达是伟大的哲学家，但绝对没有必要用英语像他们那样写作。这种情况的结果往好了说是令人尴尬地缺乏独创性，而最糟的情况则是，无法理解。于是，欧陆哲学家必须要理解的是欧陆哲学的“英国性质”。虽然我在这里无法对此展开论述，但我认为，同样也可以这样去说欧陆哲学在英语世界中的“美国性质”、“澳大利亚性质”、“加拿大性质”，如此种种。

换句话说，哲学中存在两种文化，除非这种情况得到了恰当的反思，否则在哲学中，实际上是在文化中，不会有任何改变。在穆勒论柯尔律治的文章发表了将近 120 年之后，1959 年 5 月 7 日，斯诺在剑桥大学的参议厅作了著名的瑞德讲座。在讲座中，他断定了一种共同文化的缺失和两种不同文化的出现：一方面是由科学家代表的文化，另一方面则是斯诺所谓的“文人知识分子”代表的文化。如果前者赞成通过科学、技术和工业推进社会改革和进步，那么，知识分子则是斯诺所谓的“自然的卢德派分子”，他们理解和同情先进的工业社会。用穆勒的话说，这种分野就是边沁主义者与柯尔律治主义者之间的区分。《再论两种文化》（1963）写于 1959 年讲演所引发的激烈争论多年之后，斯诺在其中以无懈可击的简洁散文体表达了他论证的以下要点：

在我们这个社会（即先进的西方社会）中，我们甚至失去了对一种共同文化的伪装。我们所知的饱学之士在他们主要思想关注的层面上不再能够相互交流。这对我们这些具有创造力的知识分子的，首先是日常的，生活都是很严重的。这正引导着我们错误地解释过去，错误地判断现在，否定了我们对未来的希望。这正在使我们很难或根本毫无可能采取正确的行动。

我用两组人作为这种缺乏交流的最为极端的例子，他们代表了我所命名的“两种文化”。一组人包括了科学家，他们的分量、成就和影响无需强调。另一组则包括了文人知识分子。我并不是说文人知识分子是西方世界的主要决策者。我是指，文人知识分子说出了以及在一定程度上构成和预示了非科学文化的氛围：他们没有作出决策，但他们的话语渗入到了那些决策者的心灵。在这两组人（科学家和文人知识分子）之间，几乎没有任何交流，他们不是相互尊重，而是有些互相敌视。

这旨在对我们的存在状态进行一种描述，或者是一种非常粗略的大致描述。这就是我在情感上最为厌恶的状态，我认为这已经说得再清楚不过了。

这里显然是穆勒评论的回声，特别是这两种文化的不同代表相互感受到的敌意。正如在穆勒那里一样，这里不禁要对斯诺的努力作一番心理分析。他于 1927 年获得了化学一级优等学位，1928 年起开始在剑桥攻读博士学位，在卢瑟福爵士领导下的世界著名的卡文迪什实验室工作。他之后成为了一名杰出的研发专家，1964 年成为威尔逊政府新成立的科技部的副部长。然而，他对文学始终充满了热情，1932 年还出版了一本侦探小说《船帆下的死亡》，紧随其后的是非常流行的《陌生人与兄弟》系列的 11 部小说。所以，在许多方面，他对这两种文化危机的表达都是一种发自内心的呼喊。然而，也如在穆勒那里一样，这也正是更为普遍的文化反常的一部分。

斯诺受到了当时最杰出的文学和文化批评家利维斯（F. R. Leavis）严厉的人身攻击。他抱怨“斯诺一整套虚假的说法”，缺乏对文学的理解。这种精英式的短见斯诺完全不予理睬，但显然，在斯诺与利维斯争论中所表现出的也正是这里所说的边沁与柯尔律治、功利主义与浪漫主义之间的类似冲突。的确，这是英国文化史中的常见冲突。最后举一个例子，历史上在穆勒与斯诺之间，有赫胥黎（T. H. Huxley）与马修·阿诺德（Matthew Arnold）之争。简言之，赫胥黎于1880年在当时英国的工业中心伯明翰所作的讲演中，赞同科学教育，反对在大学占主导地位的普遍流行的古典标准。阿诺德1882年在剑桥的里德讲座“文学与科学”中回应道，文学和科学两者都可以被整合为一种更为普遍的、更为德国式的理解，即把科学理解为人文科学（*Wissenschaft*），理解为更为广义的知识。虽然这种回应富有启发，但对此的检验却是阿诺德对修正大学标准的古典主义表示坚定的反对。所以，这个历史还会继续，无疑还会增加其他更多当代的例子。

因此，我的看法是，我们可以用两种文化的模式更好地理解目前哲学上的分野，这种对抗的两极之间的冲突构成了我们所认为的文化。如此看来，这样两极中的任何一极或两者都绝对不可能消失。正如穆勒所说，对抗中有一个真理，这是为“欧陆哲学家们”已经了解了一段时间的。最可期待的是，对抗各方至少达成这样一个看法，即另一方的存在是合法的，一定有什么东西是可以讨论的，而且最好是可以相互学习。

斯诺对这种哲学和文化分野的回答非常简单，可以概括为一个词，即**教育**。在我看来，他仍然是对的。斯诺指出的文化反常现象，或多或少地直接融入到了 1963 年关于高等教育的《罗宾斯报告》以及一些“新大学”的建设之中，如苏塞克斯大学、华威大学、约克大学、基尔大学、肯特大学、东安吉利亚大学以及我所在的埃塞克斯大学。这些大学并未明言的要旨就是强调了两种文化问题，坚持学生要接受广泛的教育，自然科学家应当研究人文科学和社会科学中的话题，反之亦然。令人沮丧的是，在 20 世纪 80 年代初，由于撒切尔政府发起了对大学的攻击，这一使命在很大程度上被这些机构放弃了，取而代之的是“交叉学科”这个意义模糊的法宝。

最后，我们来考虑一下斯蒂芬·图尔明（Stephen Toulmin）在《世界都市》中的论证。他大胆地提出，存在两种文化是因为现代性存在两种开端，一个是人文主义的，另一个是理性主义的。如果说笛卡尔的名字被习惯性地与后者联系在一起，那么，图尔明的意思就是说，开始于 17 世纪最初几十年的科学的现代性就遮掩甚至是歪曲了人文主义的现代性，这一现代性可以追溯到出版于 1580 年的蒙田《思想集》中具有实践主义思想的人文主义怀疑论。在图尔明看来，（人文的和科学的）现代性始终存在着一条鲜为人知的双重轨迹，这导致了理论与实践、真理与意义、知识与智慧这些整体的崩溃或分离。图尔明乐观地认为（在我看来过于乐观了，但却值得赞赏），我们需要把现代性加以人性化，这样，我们就需要实践哲学的重生。维特根斯坦的后期著作重新激发了蒙田的人文主义怀疑论，恢复了从事哲学的实践动力。图尔明写道：

如果说这两种文化仍然疏远，那么它并非是出于20世纪的英国就的地域特殊性：它是在提醒我们，现代性具有两个不同的出发点，基于古典文学的人文的出发点，以及根植于17世纪自然哲学的科学的出发点。

还需要加以解释的是，为什么这两种传统从一开始就没有被看作是互补的，而是相互对立的。无论伽利略、笛卡尔和牛顿（Newton）涉足自然哲学得到了什么，抛弃了伊拉斯谟（Erasmus）和拉伯雷（Rabelais）、莎士比亚和蒙田，也会失去某些东西。

第四章

哲学可以改变世界吗？批判、实践、解放

在我看来，没有什么东西比古典的解放理想更不那么过时了。

——雅克·德里达

有了前两章对欧陆哲学的这种历史描述，接下来我将尝试更系统地说明它与分析哲学的区别。这就会进一步引出传统、历史以及所谓的“历史性”的核心作用。我在本章的最后将提出哲学实践的一种具体模式，这基于三个词：**批判**、**实践**和**解放**。这一系列概念有望开始解释为什么那么多欧陆传统的哲学都注重对近代世界的社会实践提出哲学批判，而这种批判激发了一种个体或社会解放的概念。换句话说，大多数欧陆哲学都要求我们批判地观察这个世界，意图确认某种转变，无论是个人的还是集体的。在我看来，正是这套背景假定，把诸如黑格尔和尼采这些古典哲学家与哈贝马斯、福柯和德里达这样的当代后继者联系起来。

专名还是问题？

理查德·罗蒂（Richard Rorty）是少数几个这样用英文写作的哲学家之一，他们英勇无畏，坚持致力于消除分析哲学与欧陆哲学之间的差别，做法就是涉足于这两个阵营当中。最后，他毫无疑问受到了来自双方的攻击，都说他错了。罗蒂试图把分析传统和欧陆传统都根植于约翰·杜威（John Dewey）的美国实用主义。罗蒂认为，这两个传统之间的差别关键在于，分析哲学讨论的是问题，而欧陆哲学讨论的是专名。现在看来，这可能或多或少是对的，因为欧陆哲学通常表现为是由我这样的人提出的开始于康德的大致依编年顺序的一系列专名，而不是人们通常与分析哲学传统联系在一起的以问题为主导的方法。但我们这里必须小心，因为罗蒂用于区分这两个传统的标准可以被说成是某个以偏概全的论断，它肯定了这样一种荒谬的模式化概念，即欧陆传统多少不太关心问题及其论证。

但罗蒂的评论的确抓住了某些有趣的东西，就是说，当代欧陆哲学的著作、文章和讨论，无论是在欧洲大陆还是在英语世界，都倾向于关注某个具体的经典哲学家的文本，或者是对两个或更多的哲学家的文本进行比较研究。因此，人们不会去写《论真理概念》这样的文章，而是写《论胡塞尔和海德格尔的真理概念》；不会去写《社群主义对自由主义的批判》，而是写《黑格尔对康德的批判对当代政治理论的意义》；不会去写《论伦理学的限度》，而是写《尼采对道德的系谱学批判的永恒轮回》；不会去写《人格同一性问题》，而是写《从康德到德里达的主体概念》，如此等等。

如果说这种实践时常迷惑并且激怒受过分析传统训练的哲学家丝毫不为过，他们认为，欧陆哲学家只是在做注疏，而没有原创性的思想：这纯粹是法国式的文本解释（*explication de texte*），而不是严格的哲学论证。的确可以认为，英语世界的当代欧陆哲学有对注疏的严重倾向，会有损于原创。但这种批评意见（以及罗蒂的标准）中所缺少的是对一种截然不同的哲学实践的认识，即对于翻译、注疏、解释、传统以及历史对当代哲学研究的重要性有着极为不同的感觉。这并不是说欧陆传统的哲学消解了问题，恰恰相反，这是说，问题通常是**在文本上**和**在语境中**加以处理的，因此这就要求一种不同的处理模式，一种**看似**更为间接的处理模式。

文本和语境

斯坦利·卡维尔（Stanley Cavell）是另一位这样的重要的美国哲学家，他坚持不懈地反对他人将自己的思想归结为分析的或欧陆的思想方式。然而，与罗蒂不同的是，卡维尔将这两个传统归根于在哲学上被忽略了的美国先验论传统，这种传统在拉尔夫·沃尔多·爱默生（Ralph Waldo Emerson）和亨利·戴维·梭罗（Henry David Thoreau）的思想中得到了明确的表达。卡维尔在他的杰作《理性的主张》（1979）开篇写道："我一直希望不是把哲学理解为一组问题，而是一组文本。"然而，我认为这过分强调了这一点。我宁愿认为，构成当代欧陆哲学的各种思想传统，组成了一种确定的但不断重新配置的文本整合（constellation of texts），一种文本的星团（a sort of star-cluster of texts），某些会时而明亮耀眼，时而暗淡无光，这时我们的注意力又会为其他的星光所吸引。某些文本会膨胀壮大，如同红巨星一样吸入了该领域中的其他一切事物，而其他的文本则像黑洞一样萎缩，无法放射出一点光芒。众所周知，夜空呈现的方式是由我们在地球上的位置决定的，而某些文本发光的强度则取决于观察它们的语境以及其他偶然因素，比如整个社会的思想堕落程度。

若用一种更为平淡的意象来表述，欧陆传统的文本构成了一种哲学问题的记录档案，这与它们的语境以及我们自己的语境都有着明显的关联，具有一种强烈的历史意识。我们会在不同的时间利用这个档案中的不同资源，这取决于我们所面临的和想要考虑的问题的性质。但这个档案中许多文本的特征则是——比如黑格尔、马克思和尼采的著作——具有强烈的历史自我意识，这就使得它们无法完全脱离它们的语境或我们的语境而得到解读。我在第二章和第三章中采取的正是这种历史的方法，我寻求的是重新建构那个时代德语世界的文本历史和语境历史，以及在英语世界得到接受的条件，以确立后康德时代的哲学问题意识。这种方法不仅可以相当成功地使哲学史得到很好的解读，人们可以从中得到更多相关的东西，而且还意味着，系统的哲学论证无法完全脱离它在历史中出现的文本条件和语境条件。

让我就此给出四个最近的例子：

1 20世纪80年代对康德《判断力批判》的兴趣，特别是关于崇高的概念的讨论，既是现代性与后现代性争论所引发问题的原因，也是这场争论的结果。这样，关于现代性究竟是结束了（让－弗朗索瓦·利奥塔的立场）还是尚未完成（哈贝马斯的立场），这种常常近于尖刻的讨论，最后表明就是如何解读康德的问题，以及在某人的解读中强调什么的问题。值得庆幸的是，这场争论已经烟消云散，而讨论则还在继续。

2 20世纪80年代初，当我还在念哲学本科的时候，谢林这个名字我们要么没听说过，要么只是在黑格尔早期批判他的著作中听到。而最近对谢林的兴趣日趋增长，则来自于英美哲学家对法国“后结构主义”思想的接受中所意识到的哲学问题。

显然，诸如德里达这样的思想家的论证形式与谢林的论证形式有着惊人的相似性；假如情况果然如此，那么，“解构”就不再像先前所想象的那样是非常先锋的了。

3 伊曼纽尔·列维纳斯如今普遍被看作是 20 世纪最伟大的法国哲学家之一。但是，他的思想在 80 年代中期之前的法国完全遭到了忽视。目前关于列维纳斯的大量研究似乎是 1986—1987 年冬天“海德格尔事件”的直接后果，当时，海德格尔蒙羞卷入纳粹的事件已经得以揭露。所以，由于海德格尔思想缺乏伦理的和政治的远见以及认为是由海德格尔启发了的思想，最为著名的是德里达的解构，因此正是在这种语境中产生了对列维纳斯的兴趣。

4 除了查尔斯·泰勒所做的显著的开创性工作之外，黑格尔在英美哲学的标准中一直是个相当模糊的人物，这种情况直到最近才有所改观。目前对黑格尔思想的兴趣复苏，是源于约翰·麦克道尔（John McDowell）、罗伯特·布兰顿（Robert

Brandom）等人关于哲学中的自然主义的局限性在当代英美哲学中的争论，以及寻找调和自然与自由或理性的方式的需求。

还可以给出一些此类的其他例子，欧陆传统充当了大型的文本档案，储存了特定语境下的哲学问题。一个真正的当代哲学问题就会使我们回想来自这个档案中的一个文本和一系列概念。我们在哲学上前进的方法就是以新的方式回溯过去。

换言之，就欧陆传统而言，哲学问题并不是从天空中凭空坠落，不能被看作是某个非历史的**永恒哲学**幻想中的要素。对这个传统中的某个古典哲学文本的解读，并不会太多地采取学院派对话的形式，就像是与一个来自遥远地方的陌生人见面一样，这个陌生人的语言我们才刚刚开始费劲地理解。我记得，非常尴尬的是，在我的学术生涯刚刚开始后不久，我曾提交了一篇论文给一个英国主流大学的哲学家们。在饭桌上，我竭力长长地阐述了主题概念从亚里士多德直到笛卡尔以及海德格尔和德里达的意义变化，席间有人问我，“我为什么不能像是和笛卡尔在一起吃饭一样去解读笛卡尔呢，就像是我正在和你吃饭一样？”我回答道，笛卡尔在350年前就去世了，他亲眼目睹了30年战争带来的彻底骚乱，用拉丁文和法文写作，并且运用了特殊的文学风格，比如自传体论文(《方法论》)和精神上的修炼 (《第一哲学沉思》)。因而，我推论说，我们无法只是通过解读这些因素就简单地决定他的论证究竟是否有效。不用说，我并没有使我的对话者和饭桌上的其他客人感到信服，但这一场景的确是很有意思的，表明了哲学方法上的差异。

这就是说，哲学问题在文本上和语境中得到了**具体体现**，同时也被**拉开了距离**。正是这种具体体现与距离感的结合，或许就解释了为什么表面上并不重要的翻译、语言、阅读、文本接受、解释和对历史的阐释等问题在欧陆传统中具有了重要的核心意义。当然，这也常常使人面对令人困惑的指责，说我们是在做“文学”，而不是在做“哲学”。仿佛哲学家的命题与经验之间有一种直接透明的关系，一种效仿塞拉斯称之为“给与物的神话”的愿望，也就是说，认为哲学知识是直截了当地、不证自明地依赖于我们直接感知的对象，或者是“心灵直接得到的”对象。

传统与历史

因此，尽管这并不足以作为一个标准，但用专名与问题之间的表面差异去确定这两个传统之间的差异，就导致了更为深层的传统与历史的问题，以及历史在欧陆传统中的核心性的问题。或许，标志着分析哲学与欧陆哲学之间差异的最为简易的方法，就是看每一方如何理解自己的传统构成以及哪些哲学家构成了那个传统。这就是说，这里重要的是，哲学家**感觉**自己属于哪一种传统，知道谁能够算作（或许更为重要的是，知道谁不能算作——有时并不知道为什么）该传统的前辈或权威。因此，分析哲学家会把弗雷格、罗素和摩尔（G. E. Moore）作为前辈权威，而欧陆哲学家则会认为是黑格尔、胡塞尔和海德格尔。在这种意义上，分析哲学和欧陆哲学都可以通过它们的前辈谱系得到确定，就像是家族老照片和画像，我们可以从中看出那些前辈的面孔与当代传人之间的相似。

但以这种方式进行区分实际上并没有抓住问题的要害，因为从欧陆哲学的观点看，分析哲学让人难以理解的就是，直到最近，它始终对自己的传统完全缺乏自我意识。这种情况已经开始有所变化，对分析哲学的起源已经做了一些有意思的工作，或者是联系到弗雷格那里的德国思想根源，正如我们在达米特那里已经看到的一样，或者是联系到罗素对英国唯心论的批评。分析哲学在20世纪头几十年的出现，可以看作是与在诗歌、绘画和建筑中的更为广泛的现代主义运动并行发展的。记住这一点，或许就不会奇怪，维特根斯坦不仅写作了《逻辑哲学论》，而且在维也纳以最为简洁的现代主义风格为他姐姐设计和建造了一座房子。

最近出现的对分析哲学的“历史化”的另一个重要的征兆是开始把传记看作合法的哲学兴趣和重要的文化猎奇领域。这里的例子还是维特根斯坦，即雷·蒙克所写的奇妙著作《路德维希·维特根斯坦：天才的责任》(1990)，以及德里克·贾曼的并不太好看的电影《维特根斯坦》(1993)。这种向传记的转向在蒙克1996年的《罗素传》以及最近关于柏林和艾耶尔的成功传记中得到了强化。在欧陆哲学这一方面，吕迪格·萨弗兰斯基关于海德格尔的思想传记值得关注。传记的魅力在于，哲学家的思想创造可以被看作是某种具体的存在态度的表达。这样——而且这正是维特根斯坦的特殊魅力——哲学可以被看作是体现在一种生活方式中。因此，要支持或悍卫某个哲学家的观点，就会带来一定的模仿或者说是试图仿效那种生活。我们在专业方面始终可以看到这一点，即某个令人着迷的著名哲学家的学生们不仅会捍卫他/她的理论，而且会模仿他们的手势、停顿、用词习惯，甚至是他们吸烟、喝酒和性爱的习惯。门徒这个词用于这里所描述的情况丝毫不为过。但这并非是全新的观念，因为在远古的时候传记就在哲学教导中用作核心工具，显然苏格拉底就是个例子，而且在希腊化晚期的各种学派中也比比皆是，比如斯多葛学派和伊壁鸠鲁学派。在传记中，一种哲学与一种生活方式融合在了一起。

历史性与解放

继续有关历史的问题，我想说，大多数欧陆传统的哲学家都会拒绝承认大多数分析传统中使用的哲学与哲学史之间的区分是有效的。这也说明了为什么关注后康德的传统对欧陆哲学如此重要，因为，除了詹巴蒂斯塔·维科

（Giambattista Vico）这个显著的例外以及后来的卢梭，历史问题正是在这里变成了哈曼、赫尔德的思想以及黑格尔的大部分思想中的哲学核心。我们可以说，欧陆传统的成果就是，它让我们关注到作为一种实践的哲学的根本历史性质，以及从事该实践的哲学家的根本历史性质。这就是对通常所谓的“历史性”的洞见。

这种对历史性的洞见的结果是，关于人类生活意义和价值的深层哲学问题不再能够合法地与传统的思辨形而上学话题——即上帝、自由和不朽——相关联，这些话题在康德看来尽管在道德上合乎情理，却毫无认知意义。相反，认识到哲学（和哲学家）的根本历史性质，就意味着两件事情：

1 人类主体的彻底**有限性**，即没有什么在人类经验之外的类似上帝的立场或参照点，我们的经验可以由此得到描绘和判断；或者说，即便有的话，我们对此也会一无所知。

2 人类经验的完全**偶然的**或**被创造出来的**特征。这就是说，人类的经验完全是人类的，是由我们塑造和再塑造的，而这种创造的环境确定无疑地是偶然的。

一旦人类已然被定位为一种有限的主体，存在于一种完全偶然的历史、文化和社会的网络中，那么，我们就可以开始理解欧陆传统中许多哲学家的一个共同特征，即要求事情是另外的样子。如果人类的经验是偶然的创造物，那么它就可以重新创造成其他的样子。这就要求对于能够应对、批评并最终弥补现实的哲学、艺术、诗歌或思想进行转变。这一需求贯穿了许多欧陆思想，并继续启发着像哈贝马斯和德里达这样的哲学家，这个需求就是，人类从自身目前的境况中**解放**自己，这种境况经不起自由的检验。正如卢梭所言——这曾经是 18 世纪末年轻的德国和英国浪漫主义者的战斗宣言——“人生而自由，但无往不在枷锁之中。”批判和解放就是这同一条线索的两个终端。

我所知道的对批判与解放之间联系的最富戏剧性的表述，以一种奇妙的原始形式存在于一段简短的文本中，它写在一张单页纸的两面，日期大概是 1796 年的夏天：即所谓的“德国唯心论最古老的体系－纲领”（参见第 187—192 页附录）。文献学研究表明，这一文本，虽然其中所表达的观点更为接近青年谢林，在一定程度上也接

图 10 G. W. F. 黑格尔正在撰写《精神现象学》，对窗外耶拿的争斗毫不理会（1806 年 10 月 14 日）

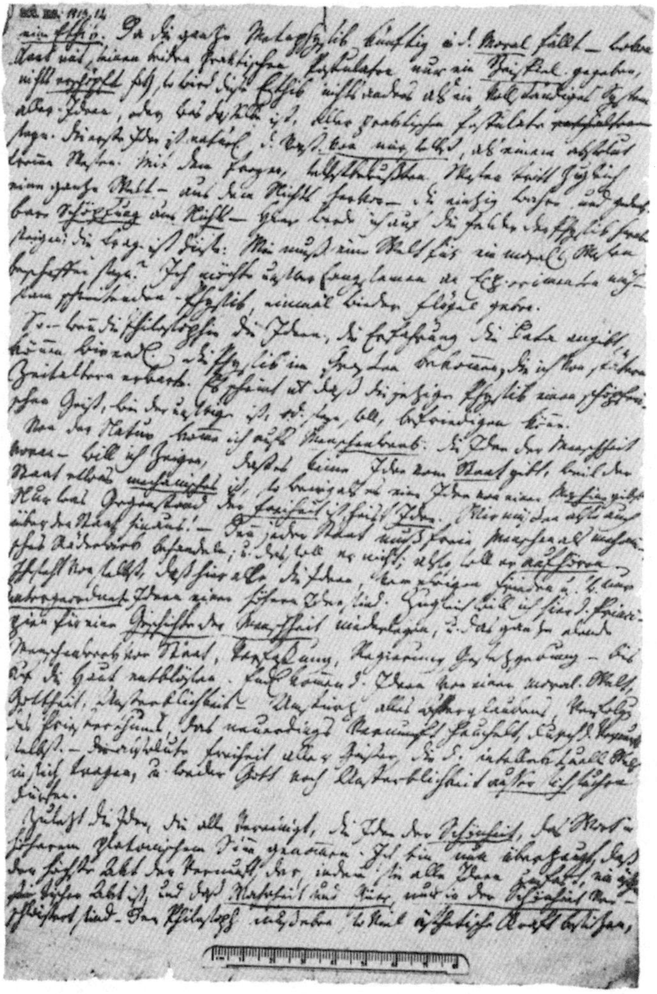

图 11《体系 - 纲领》首页的摹写本

近于伟大的德国诗人约翰·克里斯托夫·弗雷德里希·荷尔德林（Johann Christoph Friedrich Hölderlin）。的确，早些年间，这三位曾在德国南部的蒂宾根神学研讨班上共同学习过。谢林接下来将会于1798年在23岁的豆蔻年华受聘为耶拿的教授。“体系–纲领”有一段奇特的故事。虽然它的存在为黑格尔未刊著作的编辑福斯特和伯曼所知，但它并未被收进1834—1835年出版的黑格尔著作杂集之中，这或许是因为这个文本与成熟黑格尔更为保守的观点并不协调。“体系–纲领”是1913年柏林拍卖会上出示的黑格尔文本中的最后一份，当时由普鲁士国立图书馆购买收藏。这份文本的首次出版和注释是在1917年，它吸引了伟大的德国犹太裔哲学家弗朗兹·罗森茨威格（Franz Rosenzweig）的注意，他给该文本起了这个如今非常著名的名称，并发起了哲学界对它的广泛讨论，这使得“体系–纲领”得以扬名。

这段文本简洁地明确了后康德思想的一些主题。这里是它提出的8个关键的讨论点，此外还有其他的讨论点。

1（我们已经在第二章中讨论过）认为康德之后哲学上需要的东西是批判体系的二元论的调和，伴之以浪漫主义观点，认为艺术作品正是这种调和的工具。艺术作品提供了关于自由的赏心悦目的形象，把自然领域和理性领域带入了和谐之中。

2 认为为了创造这件艺术作品，哲学家必须成为诗人，拥有相同的审美能力。自从柏拉图的《理想国》之后就分开的哲学与诗歌必须成为一体。

3 哲学与诗歌在艺术作品中的统一是出于对**理性神话**的需求，这会使诗人变得理性，而使哲学家变得感性。这样，“永恒的统一就会降临到我们之间”。这里的观点是，为了在社会上变得有效，理性的观念就需要变得具体。因此，避免把康德的理性观念变成形式主义的方式，就是用神话的形式把理性具体化。这在该文本中也被称为“一种感性的宗教”。

4 于是，理性的神话就具有了我们可以称作政治意识形态的功能，这种意识形态既是批判的也是解放的。

5 它是批判的，因为要获得自由，我们就必须破坏通往自由道路上的障碍，在该文本中这种障碍指的是国家机器，它把自由人当作机器对待。因此，按照启示录的说法，“它必须予以终结。”对国家的破坏也意味着消除国家宗教，这种宗教的特点是“轻蔑的眼神”，而自由人则“在智者和牧师面前”颤抖。

6 它是解放的，因为理性神话的目标是获得基于自由和平等的新的社会组织：“只有在那时我们才可以期望**一切**力量的**相同**发展。”

图 12 欧仁·德拉克洛瓦（1798—1863），《自由引导人民》（1830 年 7 月 28 日）

7 所以，正是通过理性神话形式的艺术创造力，我们才能够展示政治上得到改变的生活的各个方面。这就揭示了我们可以称作的早期德国唯心论和浪漫主义中的“卢梭主义”，它试图确立新的道德社会模式，这包括自由以及所有男女之间的平等。特别是对英国以及德国的浪漫主义者来说，在这就意味着一种基于友谊的社会，一切朋友都将是自由平等的。

8 所以，在这个曾一度被遗忘的、奇妙的纯真乌托邦式片断中，我们可以看到康德形而上学批判的灵感，这与1789年法国革命的解放精神不谋而合，变成了一个美学宣言，即“真和善只有在美中才是兄弟”。伟大的马克思主义评论家乔治·卢卡奇曾谈到耶拿的浪漫主义：“它是在奔腾的火山上跳舞，它是绚丽多彩而不切实际的梦想。”的确，它完全是不切实际的，但它依然是绚丽多彩的。

诉求并非传统的传统

这样，欧陆哲学与其传统的关系密不可分。的确，这种想法我们已经碰到过，就是在穆勒以进步和传统的差异对边沁和柯尔律治进行的归类中。但穆勒把传统与保守联系起来时显得太过仓促。与传统的关系的确可以在社会上是保守的，正如成熟时期的柯尔律治或者埃德蒙·伯克（Edmund Burke）的古典政治保守主义。然而，对传统的诉求并不一定是传统的，因为传统这个概念所要揭示的正是某些在当代生活中缺失的、被遗忘的或受到压抑的东西。如此看来，对传统的诉求并不需要面对过去默认某种保守的观点，而是可以在面对哲学史和诸如此类的历史时采取**批判的**形式。这样一种对于传统的批判理解就是海德格尔称作的解构（*Destruktion*，解除结构）或者拆散（*Abbau*，去掉）形而上学的历史，年轻的德里达尝试把这些词翻译成法语就是解构（*déconstruction*）。这个有争议的解构概念应当毫无争议地加以对待，并且被视作是试图批判地解构传统，使用的是在这个传统中熟视无睹但仍然会被这个传统所思考的东西。在这种意义上，我们就可以谈论对传统的**全新的**体验。我将以两种著名的对传统的全新思维方式，即胡塞尔的和他最杰出的学生海德格尔的思维方式，把这一点说得更为具体一些。

我们可以说传统有两种含义。

1 毋庸置疑地继承或传递下来的东西。这是穆勒在涉及柯尔律治时使用的保守的传统观。

2 通过批判地研究第一种含义的传统而制作或产生出来的东西，这就是诉求于并非传统的传统，一种全新的传统。

胡塞尔和海德格尔共同具有的正是这第二种含义的传统，虽然两个人并非没有本质的区别，但那是另一个问题了。在其去世后出版的《欧洲科学的危机》（1954）中，晚年胡塞尔认为，传统的这两种含义对应于对传统的**积淀**体验与**复活**体验的区别。把地理学术语“积淀”看作是沉降或巩固的过程，这很有帮助。对胡塞尔来说，积淀就在于遗忘事态的起源。让我举一个胡塞尔的著名的几何学例子，出现在1936年作为《欧洲科学的危机》的附录发表的论文《几何学的起源》中。不应当忘记的是，该文也是

图 13 埃德蒙·胡塞尔（1859—1938）学生时代画像

德里达第一本书的主题，这本书正是对胡塞尔文章的翻译和注释。简单地说，胡塞尔的核心论证是，如果人们遗忘了几何学的起源，那么也就是遗忘了这些学科的历史本质。但这为什么如此重要？它之所以重要，是因为几何学以其最为纯粹的形式表达了胡塞尔所谓的“理论态度”，这是自然科学对其对象所采取的立场。胡塞尔的观点是，要复活关于几何学起源的知识，就要回溯自然科学的理论态度归属于确定的社会和历史背景的方式，胡塞尔给了它一个著名的名字叫做“生活世界”（*Lebenswelt*）。胡塞尔的雄辩观点是，自伽利略以来，科学活动的结果是带来了他称作的“自然的数学化”，这忽略了科学对于生活世界日常实践的必然依赖。知识与智慧、科学与日常生活之间存在一道鸿沟。这正是胡塞尔称作的“危机”情况，它出现在自然科学的理论态度最终决定了看待一切实体的方式的时候。用胡塞尔的世界观（即现象学）来说，哲学的任务就是要对传统的起源进行批判性的、历史的反思，这允许对传统的一种积极的复活性的体验，以反对我们目前关于过去的形象的有害的天真想法。

早期海德格尔的**解构**（*Destruktion*）概念与此大同

小异，即对本体论历史的解构，但准确地说并不是破坏过去的方式，而是寻求这个传统的积极趋向以及反对海德格尔所列的“恶意的偏见”。**解构**就是在制造一个传统，这是通过重复或回溯过程制造成形的东西，海德格尔称之为重复（*Wiederholung*）。这里的想法是，与传统的真正关系是通过回溯或重复得到的，这就是要通过批判性、历史性的反思的行为，重新追回事态的原初意义。海德格尔的核心例子是“是其所是”（即存在的意义）与时间的联系方式，他声称，自古希腊以来的西方形而上学传统中，这种联系一直受到了遮蔽。所以，我们必须摧毁对于过去的一致认可的陈腐的感觉，以便体验隐藏的令人吃惊的历史威力。在《存在与时间》时期（20世纪20年代后期），海德格尔把一致认可的传统与遭到摧毁的传统之间的区别清楚描绘为传统（*Tradition*）与遗产（*Überlieferung*）之间的区别。然而，这并不意味着传统与某种遗产产业结合起来：相反，海德格尔是在玩弄德文词 *überliefern*（递交或送达）的含义，认为与过去的真正关系在于其隐藏的潜能得以送达和揭示。这样，在海德格尔看来，真实的存在就需要一个全新的而不是已认可的对过去的体验作为它的前提。

重要的是要指出，胡塞尔和海德格尔反思传统的目标并不是这样的过去，而是**现在**，确切地说是现代的**危机**；黑格尔对精神史的反思以及（我们现在就要看到的）尼采的虚无主义概念也是如此。欧洲自然科学的真正危机，或者说是海德格尔口中的“西方的危难”恰恰就在于感觉没有危难：“危机？什么危机？”真正的危机就是没有危机，真正的危难就是没有危难。在这种缺乏思考的健忘中，陀思妥耶夫斯基会嘲弄道，我们沉溺于做一只快乐的羔羊。因此，一种得到恢复的或遭到摧毁的传统感——一种全新的传统——就会使我们产生对现在的批判意识。

作为制造危机的哲学

人们会说，欧陆传统中的哲学点金石就是实践问题：这就是指，我们在由我们自己塑造的世界中作为有限自我的植根于历史与文化中的生活。正是这种实践的点金石，引导哲学走向对现实境况的批判，把它们看作对自由于事无补；引导哲学走向解放的要求，即事情可以是另一种样子，就是哲学、艺术、思想或政治的转变的要求。或许，这个事实开始解释欧陆传统中的哲学具有的一个可能是令人困惑的特征，也就是**危机**的主题，它以不同的形式如同地下暗流般贯穿于德国唯心论、马克思主义、现象学、心理分析和法兰克福学派等传统中。而在文化上和政治上更具有自我意识的分析传统领域中，也可以感受到这种危机。例如，这明显地表现在维也纳学派 1929 年蛊惑人心的宣言中，这份宣言我会在第六章中讨论。其作者捍卫一种科学的世界观，以及对于形而上学的克服，以此作为社会的全新的社会民主转型中的必不可少的因素。

对欧陆传统中的大多数哲学家来说，哲学是一种**批判**现实的手段，是为了推进对处于危机中的现实的反思意识，无论这是被表达为低俗的平庸世界中的信仰危机（克尔恺郭尔），还是欧洲自然科学的危机（胡塞尔），或者是人文科学的危机（海德格尔）、虚无主义的危机（尼采）、遗忘存在的危机（海德格尔）、小资产阶级资本主义社会的危机（马克思）、工具理性霸权和对自然的支配的危机（阿多诺和霍克海默［Horkheimer］），或者是其他的什么危机。哲学作为对历史、文化和社会的敏锐反思，带来的是批判意识的觉醒，胡塞尔称之为已积淀的传统的复活。更进一步说，哲学家——用胡塞尔的话说，就是“人性的公仆”——的责任是**制造**危机，就是说，以复活历史批判的名义扰乱逐渐死亡的传统积淀的缓慢积累，而这种历史批判的视野应当是得到解放的生活世界。欧陆传统的哲学就有了解放的含义。对哲学家来说，真正的危机就是没有认识到危机的情况。在这样一个世界，哲学就会毫无目的，不外乎是一种历史的猎奇，一种思想错乱，或者是一种使人的常识更为敏锐的技术手段。

为了多少使事情具有固定的体系，我围绕着构成本章副标题的术语，尝试对欧陆传统中的哲学提出以下的简单模式：

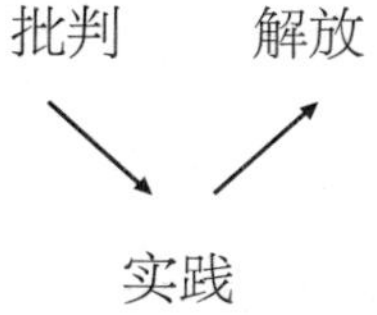

这就是说，批判是对现存实践的批判，因为它被看作是不公平的、不自由的、不真实的，或其他什么。而且，这种批判旨在从那种不公平实践中解放出来，转向另一种

个人的或集体的实践，是一种对人类生活的不同构想，无论是尼采式的高贵的独处生活、马克思设想的共产主义社会、德勒兹和瓜塔里（Guattari）描述的多元变化，还是某种截然不同的东西。

图 14 位于巴黎先贤祠的卢梭（1712—1778）之墓

第五章

怎么办？如何回应虚无主义

我们在第二章看到，康德给他欧陆传统中的唯心论、浪漫主义、甚至是马克思主义的后继者们遗留下了一个问题，这是他在《判断力批判》中竭力要解决的问题，也是雅可比对康德和费希特的批判的核心问题。这个问题现在也许可以这样来表述：康德对形而上学的批判，如果是合理的，就会获得这样一个显著的功绩，既表明了思辨独断的形而上学传统主张**在认识上**是无意义的，同时也确立了实践理性（即自由概念）至上的、具调控作用的**道德**必要性。这就提出了以下的问题：如果自然界是由因果关系支配的，在机制上是由自然法则决定的，那么，自由在自然界中是如何得到体现，或者说，是如何取得效果的？自然界的“因果关系”如何能够与康德所谓的“自由的因果关系”协调一致？借用爱默生所用

图 15 多梅尼科·费蒂（1589—1624），《忧郁》

的康德第三批判中的语言，天赋是如何被转换为实践能力的？康德难道不是将人类置于黑格尔和青年马克思可能称作的**两栖**立场，它既自由地归属于道德法则，又是由剥离了一切价值、把人类视作异化世界的客观自然世界决定的？面对每个人都能够——以一定的代价——作为商品获得的冷漠的对象世界，个人的自由难道不是被还原为一种抽象概念？

这正是尼采在 19 世纪 80 年代诊断出的问题，他用了虚无主义这个概念，这个概念对整个 20 世纪的欧陆思想家来说都绝对是至关重要的：海德格尔、瓦尔特·本雅明（Walter Benjamin）、迪奥多·阿多诺、卡尔·施米特（Carl Schmitt）、汉娜·阿伦特、雅克·拉康、米歇尔·福柯、雅克·德里达、朱莉娅·克里斯蒂娃（Julia Kristeva）。就是说，与承认主体的自由相伴随的就是道德确定性在世界中的瓦解。在第二章里，从雅可比对康德和费希特的批判，到施蒂纳、陀思妥耶夫斯基和萨特，我们追溯了这个概念的形成。我现在要回到虚无主义这个主题，进行更为深入的讨论。

俄国的虚无主义

尼采对虚无主义的理解必须置于俄国的语境之中，与我们在第二章中间接提及的陀思妥耶夫斯基有关，他称之为“彼得堡的虚无主义”。尼采从俄国小说家伊万・屠格涅夫（Ivan Turgenev）那里拾起了虚无主义的概念，他读的是普罗斯珀・梅里美（Prosper Mérimée）的法文译本。顺便插一句，梅里美1845年的小说《卡门》也为比才（Bizet）1875年的同名歌剧提供了脚本，这正是尼采的最爱——在我看来，这是个极有争议的选择，但这是另一个话题了。正是在尼采的手中，虚无主义得到了完整的哲学陈述和明确的表达。

俄国语境和德国语境的区别之处在于，在德国的语境中，虚无主义主要是形而上学的或认识论的问题，而在俄国的语境中，它具有更为明显的社会政治特性。这个过程大概是开始于尼古拉・车尔尼雪夫斯基（Nikolai Chernyshevski）试图“虚无化”传统的审美价值，认为艺术并不是表达了某个绝对的美的观念，而是代表了一定历史阶段中的一定阶级的利益。因此，在俄国的语境中，虚无主义的问题是与激进的社会主义政治紧密联系在一起的，这在车尔尼雪夫斯基 1863 年极有影响的小说《怎么办？》中有明确的表达。俄国虚无主义政治的完整历史必须包括米歇尔·巴枯宁（Michael Bakunin）对国家的无政府主义批判。并非巧合的是，列宁在 1902 年所写的描述其政党政治主张和“无产阶级专政”的书，题目也是《怎么办？》。

在这种意义上，俄国的虚无主义表达了一种彻底怀疑论的、反审美的、功利主义的、科学主义的世界观。这种观点在屠格涅夫的小说《父与子》（1862）中通过对虚无主义人物巴扎罗夫命运的描述受到了温和但却是毁灭性的自由主义批判。这里主要的戏剧性冲突在于两种对立的世界观：父亲们（尼古拉和巴威尔）的浪漫主义、自由主义、改良主义和对欧洲的热爱，与儿子们（阿尔卡狄和巴扎罗夫）的实证主义、功利主义、激进主义和俄罗斯民族主义。我们在这里看到了穆勒关于浪漫主义与功利主义、边沁与柯尔律治之间冲突的俄国版本。在这部小说的中心一幕，面对作为暴力反抗力量的虚无主义的模糊暗示，巴扎罗夫冷笑道：

“我们的行为都建立在我们认为有用的东西基础上……现在，我们能做的最有用的事情就是抛弃——所以我们抛弃了。”“一切吗？”

“一切。”

“什么？不单是艺术、诗歌……还有……我担心说出它来……”

“一切。”巴扎罗夫以难以名状的沉着重复道。

自由主义与虚无主义之间的戏剧性冲突被屠格涅夫以古典式的——虽然并非令人信服的——方式加以解决：在强烈地、非理性地、单相思地爱上了奥金佐娃夫人之后（她既是一个贵族也是一个浪漫主义者），巴扎罗夫返回家乡，像父亲一样当了一名乡村医生。在相当于一种（用陀思妥耶夫斯基的话说是符合逻辑的）自杀行为中，巴扎罗夫从一个受感染的农夫尸体那里传染了伤寒，在病榻上向奥金佐娃夫人表白了他的爱情。这样，虚无主义就通过爱的力量而得到了克服，而小说的结尾则是一种基督徒的观点，即“永久的和谐与无止境的生命”。

尼采式的虚无主义

尼采对虚无主义观点最为简洁的表达出现在他死后出版的杂文集《权力意志》的第一卷中。在尼采看来，虚无主义是指

> **至高的价值贬低了自身**。其目的是欠缺的；“为什么”是没有答案的。

这里应当强调的是反身动词的使用，即“贬低了**自身**”（devalue *themselves*）。尼采并不是在说，至高的价值通过批判而遭到了贬低，那是雅可比和屠格涅夫的观点。相反，它们贬低**自身**正是它们的发展所固有的。这种说法可以与尼采最为著名的评论相提并论，这就是涂写在前柏林墙上以及在世界各地的厕所墙上的名言“上帝死了”。这并不是指，上帝设法摆脱了枷锁，从宇宙的后门悄悄地溜走，而没有告诉任何人，或者是另一个上帝取代了他的位置。相反，这是指“我们杀死了他”。正是我们人类将上帝置于死地。虚无主义就是意义次序的崩溃，一切在前

康德形而上学中被作为价值超验来源的东西都变成了空无，不存在使生命的意义得以依附的认识挂钩（cognitive skyhooks）。关于生命意义的一切超验的说法都已经被还原为纯粹的价值——在康德那里，上帝和灵魂不朽被还原到了纯粹实践理性的公理的状态——而那些价值也变得无法令人相信，需要尼采所谓的“重新评估”或者说是“价值重估”。

除了来自俄国和德国语境的影响之外，我们必须强调的是，尼采的虚无主义观念完全是大胆原创的。在尼采看来，虚无主义的根源不能从社会、政治、认识论，甚至是生物学角度（就是说，关于物种减少的故事）得到解释；相反，它根植于对世界的某种阐释，即**基督教**。在尼采看来，“基督教-道德”对世界的阐释具有解救虚无主义的明显优势，它承认世界具有意义，承认人类拥有价值，防止产生绝望。然而，在尼采看来——这也是至关重要的——虚无主义中存在一个悖论或者说是悖反，即基督教-道德对世界的阐释是受到求真意志的驱使，但正是这种求真意志最终却与对世界的基督教阐释相左，因为求真意志发现这种阐释是不真的。这就是说，基督教的形而上学激发了对真实世界的信念，这个世界与我们生养于斯的变化的虚假世界相对。然而，由于意识到上帝死了，这个真实的世界就被揭示为是虚构的了。因此，这里的悖论就是，对世界作出道德解释或评估的意愿，现在表现为对非真实世界的意愿。基督教就像尼采早期在《悲剧的诞生》中所描述的古代悲剧一样，并非完全是自杀式的死亡。但是，问题也就在这里，对真实世界的信念的**需求**正是为了生活，因为我们无法忍受这个变化的世界。尼采写道：

> 一旦人类明白了那个世界是如何仅仅从心理需要中虚构出来的，他又是如何对这个世界绝对没有任何权利，那么虚无主义的最后形式就会出现：它包括了不信任任何形而上学的世界，禁止自己相信**真实的**世界。站在这种立场上，人们就会把变化的实在看作是**唯一的**实在，禁止自己有任何暗中接触到来世或虚假的神性的机会——但却**无法忍受这个世界，尽管人们并不想否认它**。

这就解释了对尼采来说虚无主义的核心悖反，即我们“**并不**尊重我们所知，我们并不**被允许**尊重我们应当告诉

图 16 身着军装的弗里德里希·尼采（1844—1900）

自己的谎言”。这就是说，我们无法相信超越了这个变化的世界之外的真实世界，而且我们无法忍受这个变化的世界。或者引用雅可比批评费希特的话说，“凡是利己的东西，最终都会让我们作呕（虽然我们也意识到要做到不利己是不可能的）：必然的东西结果让我们作呕。”这种邪恶的悖反带来的结果就是尼采称作的“消解过程”，即当我们意识到了我们道德价值的可鄙起源以及基督教-道德对世界的阐释是如何受到追求非真意志的驱动，我们的回应就是宣称存在是无意义的。尼采定义为虚无主义的正是这种宣称无意义，他发现其存在于三种处于萌芽状态的形式：

1 叔本华的悲观主义，尼采称之为“消极的虚无主义”，或者更为刺耳地说，“欧洲的佛教”。这就是说，如果我先前的形而上学信念的核心有空虚感，那么，我也会肯定这种空虚感，去做瑜伽、折纸或其他什么。

2 我们在屠格涅夫那里看到的俄国的无政府主义或“积极的虚无主义”，尼采把它看作完全是“生理衰落的表现”。这就是说，如果我先前的形而上学信念的核心有空虚感，那么，我就会继续用野蛮的创造性的恐怖主义行为去破坏我周围的一切。（这是虚无主义的一种倾向，我们可以在各种极端政治运动中，诸如20世纪60年代巴黎的法国境遇主义者，察觉到这种倾向，境遇主义者宣称，由于社会不过是一种景观，一种空洞外观的虚假骗局，政治的任务就是要用五花八门的、通常是具有很高审美价值的政治行为去宣布这个事实。境遇主义的一个著名口号是，“砖石之下，就是沙滩”，这意味着，人们应当把那些砖石扔向警察，暴露出下面的沙滩。）

3 厌倦、冷漠、精疲力竭、疲惫不堪的一种普遍的文化氛围，尼采把它概括为一个难忘的公式：“现代社会……不再有力量**排泄**了。”这就是说，如果我的形而上学信念的核心有空虚感，那么，我就会只是耸耸肩咕哝道：“哦，是吗，我猜它就是这个样子。”我们会把这看作是“空想虚无主义”，经典地表达为《维尼小熊》中的小驴依唷这个角色。

但认真地说，这里要抓住的关键之点是，虚无主义并非是对基督教-道德对世界的阐释的简单否定，而是这种阐释的**后果**。在尼采看来，作为心理状态的虚无主义得以出现，是由于我们意识到，我们试图用于为宇宙赋予意义的范畴是无意义的。这根本不是指宇宙是无意义的，而是，可能借用了康德的说法以及雅可比微弱的记忆印痕，“相信理性的范畴就是虚无主义产生的原因。”因此，从尼采的观点看，虚无主义是康德对形而上学的批判的一种没有预见到的结果。这就是说，虚无主义是道德价值评估的后果。我的价值在世界上不再有位置——这是一种现代斯多葛学派的自我异化，黑格尔把它嘲讽为“关于世界的道德观”。

现在，这种立场**可能**导致放弃消极的虚无主义或对于积极的虚无主义的热切幻想。但它也可能带来对价值重新评估的需求，希望情况完全不同的一种变革的、解放的需求。在尼采的思想中，对虚无主义的诊断也就伴随着对克服虚无主义的要求，这对20世纪所有欧陆思想家来说都具有代表性。尼采的思想可以定义为对虚无主义的抵抗。这就是为什么他不断地坚持，我们需要新的范畴和新的价值，以便使我们能够忍受这个变化的世界，而不会使我们陷入绝望之中，也不会让我们去发明一个新的上帝，在它面前屈膝膜拜。

在我看来，这就是尼采著作中看似不可思议的**永恒轮回**主张的作用，即“实存如其所是，没有意义或目的，而最终得到重现，没有虚无的结尾”。尼采强调指出，永恒轮回的概念试图表明的恰恰是泛神论的对立面。就是说，如果泛神论是指上帝呈现在万物之中，那么永恒轮回则是试图考虑始终没有上帝的宇宙。在尼采看来，无神论不单单是对事实的陈述：它也是用很大的力气把人类从他们习惯于卑躬屈膝的偶像中解放出来的结果。

或许其他人不会赞同，但我把尼采的永恒轮回概念理解为一种超越康德的思想试验。就是说，康德的伦理学是基于纯粹崇高的责任概念，而这个概念无法基于经验利益，无法被看作是达到幸福之类的目的的手段。美德只能是用其自身来奖赏。但是，康德的伦理学仍然保留了上帝和灵魂不朽，作为纯粹实践理性的预设。所以，人们的道德行为在一定意义上仍然可以与幸福的远景联系起来，即美德则会得到回报。尼采使得这种最初属于康德的思想变得比康德更为康德化。在他看来，没有上帝，而关于灵魂不朽的想法则是一个糟糕的笑话。然而，尼采用永恒轮回的思想向我们提出的问题则是，想象一下我们存在于一个没有神学意义或形而上学保证的宇宙之中，它无休止地重复自己，永恒地重现。这样，如果我们都有了**那个**想法，就是说，如果我们可以知道并且仍然**肯定**这种图景，那么，我们就完全能够说，我们最终克服了隐含在基督教-道德对世界的阐释中的虚无主义。

启蒙运动的辩证法

概述一下：诊断为虚无主义的历史和社会条件，就在于认识到这样一个双重失败：

1 现代性或启蒙运动的价值并没有关联道德和社会关系结构以及日常生活的内容。这就是说，它们并没有带来一种新的整体神话和理性，而“体系－纲领”（参见第 187—192 页）的作者们则把这看作**理性神话学**的需要。换言之，康德给我们留下的是一系列并不一致的二元论。启蒙运动的道德价值（这是哈曼和黑格尔批判康德的核心，并由青年马克思所继承——启蒙运动的价值变成了资产阶级的价值）缺乏有效性以及与社会实践的联系。

2 然而，启蒙运动的道德价值不仅没有关联道德和社会关系的结构，而且，更糟的是，它们还通过一些进程带来了那些关系的持续恶化，这些进程马克斯·韦伯称之为理性化，马克思称之为资本主义化，阿多诺和霍克海默称之为工具理性，海德格尔称之为对存在的遗忘。这正是启蒙运动致命的、具有悖论性质的辩证法。在我看来，这是雅可比最重要的领悟，通过我一直在讲述的历史，我们已经看到它逐渐揭开面纱。

因此，概括起来说，目前所见的哲学现代性问题就是，当我们看到了启蒙运动的价值不仅没有把握日常生活，而且导致了逐渐的分解之后，如何面对虚无主义的问题。我认为，这就是欧陆哲学家们一再回归的问题，他们或者试图找到回应这个问题的新方法，如哈贝马斯和德里达，或者是拒绝造成这个问题的历史和哲学术语，比如罗蒂。

哲学和非哲学

当然，这里的另一个难题是，如果正像尼采、海德格尔和阿多诺这样一些截然不同的思想家所赞同的那样，哲学已经与产生了虚无主义的那些力量同流合污，那么与虚无主义的这种冲突就不可能仅仅发生在哲学中。在尼采看来，哲学就是虚无主义的；它充斥着基督教-道德阐释世界的禁欲主义和**无名怨忿**（*ressentiment*）。我们下面将会看到，对海德格尔来说，传统哲学想要知道充足合理原则核心中的无物之无物。在阿多诺看来，哲学的危险在于对抽象化的意识形态论述，这种抽象化与对物化的、商品化的资本主义社会的抽象同流合污。

那么，我们如何回应虚无主义呢？这正是我们的问题。正如其他哲学家一样，对这个问题我有自己的看法。我到此为止一直寻求确立的就是，对虚无主义的回应是康德之后的欧陆哲学的实质问题，如同阿里阿德涅的丝线穿过以往若干世纪的思想迷宫。这使得大多数欧陆哲学都寻求可以回应现代危机的非哲学的论述和实践。尼采在古希腊的悲剧思想中寻找根源，海德格尔在诗歌创作的冥思苦想中寻找出路，阿多诺在高雅的现代主义艺术的自由意志中发现踪迹，马克思在政治经济学中寻找答案，弗洛伊德在心理分析实践的诊察台上发现秘密。这里的要点是，虚无主义问题开始解释了，为什么如此多的欧陆哲学关注与非哲学的关系，无论是艺术、诗歌、心理分析、政治学、还是经济学。

进步的现代主义和反动的现代主义

尼采之后，对虚无主义的这种关注分裂成了两种不同的反思现代世界危机的传统，可以表述为**进步的**现代主义和**反动的**现代主义。一方面，紧随黑格尔的激进继承者（诸如路德维希·费尔巴哈和青年马克思）之后，对现代性的哲学批判是与更为进步的德国社会学家对现代性的批判结合在一起的，这在诸如韦伯和乔治·齐美尔（George Simmel）等思想家的著作中都有明确表达。这个传统在

“西方马克思主义”以及20世纪30年代之后的第一代法兰克福学派中继续蓬勃发展。这种对待现代性的方法在当代最为杰出的代表是哈贝马斯，他意味深远地担当了法兰克福的哲学和社会学的领袖。这个传统在哈贝马斯在法兰克福的后继者阿克塞尔·霍奈特（Axel Honnett）的思想中继承下来，直至今日。在方法论上，这个传统的特征在于相信哲学与社会学的共存共荣。这就是说，哲学的范畴如果要获得效果，就需要社会学的中介；而社会学的研究则需要有哲学的批判性和反思性，以防滑入实证主义。在政治上，这个进步的现代主义传统则一直与各种左派思潮关系密切，无论是马克思主义还是社会民主主义。

另一方面，还存在一种对现代性的更为保守的批判，这可以在诸如奥斯瓦尔德·施本格勒（Oswald Spengler）、卡尔·施米特和恩斯特·荣格等思想家那里看到。根据施本格勒的论述，西方世界是一种“老朽的文化”，已经进入不可逆转的衰退，如同古罗马晚期的衰落一样。以衰退和崩溃这样的叙述方式表达的社会批判传统在哲学上的继续，可以在海德格尔那里看到，特别是在他从20世纪40年代末和50年代开始的对技术的反思中。但同样，或许是出人意料地，我们也可以在维特根斯坦那里看到这种悲观主义文化批判的传统，他在《文化与价值》中表明，他受到了施本格勒的强烈影响。进步的现代主义的方法论是基于哲学与社会学的相互依存，而对反动的现代主义者来说，社会学则被谴责为表现了现代民主的衰落。于是，哲学的范畴就被直接运用到了社会分析中，由此就会产生多变的悲观主义的文化诊断。海德格尔在这里再一次提供了一个经典例子，他只是把他关于作为存在之遗忘的形而上学历史的论题，扩展为一种文化批判，在这里，日常生活的所有方面都是由一个技术世界图景所控制的，而这个世界图景正是同一种遗忘的社会表现——海德格尔叹息道："废墟在扩大。"反动的现代主义的政治后果就是著名的海德格尔加入纳粹的事件，在其中，他和其他人，例如施米特和荣格，虽然是很短暂地，看到了抛弃虚无主义实际上是可能的。毋庸赘言，我并不觉得这是一种特别适合回应本章标题中所提出问题的方式。

我的观点是，虽然在政治立场上截然对立，在方法论上也是南辕北辙，但反动的现代主义和进步的现代主义是对虚无主义问题的两种回应。它们的共同之处在于相信，哲学的任务就是要从事我所称的制造危机。这就是说，哲学是对现存的社会实践的批判，把它们看作是各种不自由的或不公正的实践，由此渴望达到个人的或集体的解放的目的。这些传统的不同，而且是彻头彻尾的不同，在于它们认为这种解放可能存在于何物之中。

第六章

有关误解的案例研究：海德格尔与卡纳普

说出一个词而没有用它意指任何东西，则是哲学家的失职。

——贝克莱（Berkeley）

我在第三章中主张，理解对立的哲学传统之间**误解**的最好方法是用“两种文化”的模式。根据这种模式，分析哲学和欧陆哲学可以看作是表达了两种对立的、的确也是相互对抗的思想习惯：边沁式的经验主义-功利主义与柯尔律治式的阐释学-浪漫主义，这构成了某种文化在哲学上的自我理解。我们在穆勒和斯诺那里看到，如何可以用这种对抗关系去理解诸如“英国性”这样的东西，的确，这可以证明是一种富有成果的对抗，前提是冲突的双方至少同意相互对话。

我现在想进一步探究这条思想路线，审视这两个传统之间误解的一个具体案例研究：海德格尔与卡纳普的案例。从根本上说，这是由卡纳普和维也纳学派提倡的科学的世界观与海德格尔提倡的存在性的或“阐释性的”世界体验之间的争端。这个争端对后来的哲学发展具有极为重要的意义，因为卡纳普关于海德格尔的观点，为艾耶尔在英国语境中对形而上学进行的尝试性的逻辑实证主义的消除提供了背景，并且，卡纳普对第二次世界大战之后分析哲学在美国的专业发展具有广泛的影响，这种影响不仅是通过他最为得意的学生奎因（W. V. O. Quine）而产生的。例如，在介绍20世纪哲学的一部不太有什么帮助的小书中，艾耶尔基于对1929年讲座的粗略阅读，谴责海德格尔“完全可以被描述为江湖术士”。在卡纳普1970年去世后的祷文中，奎因把第二次世界大战后美国的哲学描绘为“后卡纳普的”，而不是“后维特根斯坦的”，这后一种说法则具有争议地被用来描述相同时期的英国哲学。在欧陆哲学一边，海德格尔无疑是他德国学生们（诸如汉斯-乔治·伽达默尔［Hans-Georg Gadamer］和汉娜·阿伦特）的思想背

图 17 鲁道夫 · 卡纳普（1891—1970）和妻子伊娜，1933 年在布拉格

后的主要启发，对两代法国思想家（例如萨特、拉康、福柯和德里达）也产生了深远影响。最近分析哲学家与欧陆哲学家之间的许多误解，都可以追溯到海德格尔与卡纳普之间这种难以理解的僵持局面，因此这值得更为深入地进行探究。

图 18 马丁 · 海德格尔（1889—1976），惊讶的表情

无来自于无（Nothing comes of nothing）

1929年7月24日，海德格尔在布赖斯高的弗赖堡大学作了哲学教授就职演讲。他当时39岁，正值智识能力的巅峰。在马尔堡经历了富有成效的几年之后他重返母校，接替他的老师，即埃德蒙·胡塞尔的教席（但他最终还是与老师分道扬镳）。这对海德格尔来说显然是个人胜利的时刻。讲座的题目简单得令人容易产生误解，“什么是形而上学？”，但内容却绝非简单。据说（但无疑是不足为信的），在经历了——对那些并不理解海德格尔思想的人来说——一定是艰巨的思想体验之后，有一段时间的沉默，然后终于提出了一个问题：“海德格尔先生，什么是形而上学呢？”对此，海德格尔回答，“很好的问题！”

但什么是形而上学？尼采把形而上学界定为将世界一分为二的说法非常著名。这就是说，像柏拉图那样，对世界的神话的、前哲学的体验的完整整体，被分割为存在的领域与表象的领域、实在与表象、超感觉的东西与可感觉的东西。这并没有错，但海德格尔显然想回到对形而上学的更为亚里士多德式的理解上。亚里士多德本人并没有使用“形而上学”这个词，它来自公元2世纪罗得的安德罗尼卡（Andronicus of Rhodes）在亚历山大图书馆里对亚里士多德著作所作的分类。在对亚里士多德的著作进行分类时，他的著作被排列在图书馆的书架上，按其内容分为诗歌、雅典法规、政治著作、道德著作、逻辑和修辞著作等等。然后，有几册物理学——之后还有一系列由亚里士多德签名的著作——讨论的问题则是在当时已有的体系中无法分类的东西。这些著作就被称作“物理学之后”，希腊文是 *ta meta ta physika*。

但是，对亚里士多德来说，后来的也就是先在的，其意是指这些著作讨论的内容正是其他探究领域中所隐含的第一原则。亚里士多德对这个基础的哲学领域所使用的词不是形而上学，而是第一哲学（*philosophia prote*）。在亚里士多德看来，有一门科学或知识领域（*episteme*），讨论的就是存在如其所是。这就是说，它并不关心具体事物领域的存在，比如生命体（生物学）或人类社会（政治学），而是关心就其普遍性和一般性的存在如其所是。海德格尔的思想自始至终迷恋不已的正是存在问题，这是由形而上学探究带来的问题。海德格尔关心的是先于涉及到任何具体存在物或事物领域的存在如其所是。保持存在如其所是与某种具体的存在物领域之间的鸿沟，就是海德格尔所谓的“本体论差异”。

那么，海德格尔是形而上学主义者吗？既是，也不是。在卡纳普和维也纳学派看来，他的确像是一个形而上学主义者，就这个判断而言，他们既是对的又是错的。海德格尔相信，哲学问题——在他看来，存在问题就是**唯一的**哲学问题——无法简化为科学的探究。因而，形而上学无法用逻辑分析加以解释：海德格尔可以被看作是挽回了古希腊哲学中最为根本的问题，即存在问题。然而，海德格尔并**不是**形而上学主义者，因为他相信，从柏拉图至今的每个哲学体系在寻求确定存在如其所是的意义时，都忽略了存在这个**问题**的彻底性以及这个**问题**所拥有的与时间主题的内在联系；所以，他的巨著的书名就是《存在与时间》。在海德格尔看来，“质疑是思想的虔诚。”形而上学先前的历史一直在试图以各种方式回答存在问题：在柏拉图看来，它可以通过“形式”概念加以回答，即关于事物的知识就是关于事物形式的知识；在亚里士多德看来，它可以表达为“本体”概念；在托马斯·阿奎那（Thomas Aquinas）看来，它可以用“自有之因”，即上帝，来回答；在黑格尔看来，它就是“精神”；在尼采看来，它就是“权力意志”；如此等等。在海德格尔看来，形而上学的历史就是“存在的历史”，就是对从柏拉图一直延伸到尼采对柏拉图主义的颠覆的这个哲学基本问题的一系列答案。因此，彻底地提出存在问题就是要质疑形而上学，最终要“克服”它。然而，虽然海德格尔和卡纳普都使用了“克服形而上学”，他们的意思却截然不同。

维也纳学派的基本倾向可以表达为其主要成员奥托·诺伊拉特（Otto Neurath）的说法：“摆脱了形而上学的科学”。哲学是一种从属于科学的工作，它唯一关注的是对命题的逻辑澄清和经验科学的方法。的确，我们可以进一步认为，从推进哲学命题的角度来说，维也纳学派完全没有实际研究哲学，他们只是致力于澄清经验科学命题、批判传统形而上学主张的逻辑分析。诺伊拉特写道，“哲学并不是与同一种经验科学的不同领域并行或在其之上的一种基本的或普遍的科学。”这里提到的“一种经验科学”，暗指的是确定一种科学世界观的明确目标，诺伊拉特称之为“统一科学”。这让我们回想起尼采对形而上学的定义，即科学的世界观将会恢复神话的世界观中所得到的统一体验。诺伊拉特推测：

这种科学世界观的代表人物代表的是简单的人类经验。他们自信地从事着清除形而上学和神学碎片的工作。或者，像某些人所认为的那样，在形而上学的间歇之后，又回到关于这个世界的统一图景，在一定意义上，这始终是人类最初时代不依赖于神学的神奇信念的基础。

与这种科学的世界观相关，形而上学的命题之所以为假，并不仅仅是由于它们没有意义：它们没有认识内容。这样，它们是合法情感的表达，但这些情感的合宜表达方式应当是艺术、音乐或诗歌，而不是哲学。因此，卡纳普给出了一个尖刻的说法：“形而上学主义者是没有音乐才能的音乐家。”

这样，在与这种哲学观的截然对立中，海德格尔就要捍卫形而上学，反对科学。海德格尔在讲座中提出的问题简单而有力："当科学已经成为我们的爱好，基于我们存在的理由，我们正在遭遇的究竟是什么？"他对此的回应是，当科学成为我们的爱好，那么，各种知识领域就会有分化和专业化的过程，这些会导致科学活动的形而上学基础的衰落。海德格尔在讲座的结尾明确而丝毫不为夸张地说道：

只有当科学基于形而上学而存在，它才能够以常新的方式完成自己的根本任务，这不是积累和整理一些知识，而是以常新的形式揭示真理在自然和历史中的全部显现。

科学必须基于形而上学——这非常明确。但这究竟是一个什么样的基础呢？噢，这就是**无**。但无来自于无，所以，这有什么意义呢？这就把我们带到了海德格尔沉思的争论要点，即关于**无**的问题，卡纳普正是由此挑起了事端。我还是从海德格尔巴洛克式的复杂说法中清理出其中的核心思想吧！在讲座的第一部分，海德格尔一开始就毫无争议地主张，具体学科应对的是万物各自的领域，除此之外，它们关注的是无[1]。所以，科学想要知道的是关于万物的一切，除此之外就是无（besides that nothing）。于是，海德格尔就反常地问道，“这个无是怎样的（what about this nothing）？”他主张，科学对于这个无丝毫不感兴趣，而正确理解下的形而上学则可以证明主要关注的就是这个无。我们几乎可以想象，卡纳普就像一个小学生一样在讲座礼堂的后排窃笑，他反对海德格尔的主要批评要点是，“这个无是怎样的？”这个问题无法用逻辑上一致的语言构造出来，因为它把一个否定词用作某种荒谬的名词。可以形成这样一个问题本身就表明，形而上学正是利用了日常语言固有的某些模糊性，这些模糊性是可以并应当通过逻辑重组而得以消除的。对语言的这种逻辑重组就是维也纳学派早期的纲领。

海德格尔的下一步是审视这个无的问题如何在传统逻辑中得到理解。逻辑的基本法则是非矛盾原则，即说一个事物可以同时既存在又不存在就是矛盾的。为了符合这个原则，逻辑就把“无”看成是存在之物，或者说

1 ...besides that they are concerned with nothing. 就是说，它们什么都不关心。——译注

是存在物的否定词：非 x 就是对 x 的否定。这样，形而上学关于无的问题就变成了一种否定。海德格尔不是用大量的论证，而是指出“无的更原初意义就是‘没有’和否定”。卡纳普会反对这一点，但海德格尔这里的意思好像是，在逻辑上把“无”理解为否定，这是知识分子从理论上看待的否定。而海德格尔在讲座中的观点（他在《存在与时间》中作了更详细的阐述）是，除了知识分子角度之外还存在很多看待万物的方式。他认为，先于从理论上揭示万物，有一种感性的或情感的揭示，这是以海德格尔所谓的“情绪”的方式发生的——这是他对亚里士多德的概念“激情”（*pathos*）的翻译。因此，人总是处于某种情绪之中，无论是压抑的、高兴的、或者就纯粹是漠不关心的，他/她看待万物的方式就是由这种情绪决定的。在海德格尔看来，这种情绪不能被理解为纯粹的感情，也就是在我们理性上单一的心理活动中的某种心理色彩。情绪确定了人类经历他们在世界上生活的方式。

于是，这个问题就变成了：有一种情绪揭示了无吗？海德格尔的回答是肯定的，他认为，这就是**焦虑**的作用，

德文是 *Angst*。但的确，人们总是对这样或那样的东西感到焦虑：考试、心理上对蜘蛛、老鼠或其他什么的恐惧。不，海德格尔坚信，这种具体的焦虑最好叫做**担心**。当原因（蜘蛛、老鼠、考试）不存在了，担心就消失了。海德格尔对于焦虑的观点是，它始终存在，并先于一切担心而存在，就像人的存在中的某个难以捉摸的背景噪音。因此，焦虑并不是对这样或那样东西的焦虑，而是对某个人的存在的整体的焦虑。焦虑中所出现的（海德格尔这里的话语使用了很棒的描述性语气）是，具体万物从人们的掌控中滑落了，只留下了人们自己，感觉很是陌生，难以捉摸。在这种难以捉摸的感觉中，在它所带来的宁静甚至是沉着之中，人们感觉到了万物的虚无，开始提出形而上学的问题，这首先是由莱布尼兹提出的："为什么会存在万物，为什么不是虚无？"

所以，在海德格尔看来，在焦虑的体验中开始的无，就引导我们把**这个**形而上学问题设定为关于存在的意义。虽然它听起来很奇怪，但无的问题直接引导海德格尔进入形而上学的核心，这样一种探究就无法简化为维也纳学派提出的科学的世界观。哲学在根本上是形而上学的，"哲学决不能用科学观念的标准加以衡量”。海德格尔的结论是，“人类的此在（Dasein，实存）只有在它使自己进入了无，才可以使自己的行为像个存在者。超越就出现在此在的本质之中。但这种超越本身就是形而上学。”科学必须基于形而上学。

黄色小册子

1929 年是哲学上的繁忙之年。1929 年 9 月 15 日至 17 日，在海德格尔讲座之后不到两个月，恩斯特·马赫学会在布拉格召开了一次会议。会上决定呈献给莫里茨·施利克（Moritz Schlick，1882—1936）一份礼物，他是将要以这份礼物接受洗礼的维也纳学派的幕后掌权者。施利克在斯坦福大学担任了一段时间的客座教授，刚刚拒绝了波恩大学提供的教席。礼物是一篇短文，本质上是一篇宣言，题为《科学的世界观：维也纳学派》。文章的正文没有作者署名，前言则是由维也纳学派的三个成员署名的：汉斯·哈恩（Hans Hahn）、奥托·诺伊拉特和鲁道夫·卡纳普，但其内容之激进、语气之雄辩反映了逻辑实证主义者中最为热衷政治的诺伊拉特的观点。这篇短文随后被新加入者称为“黄色小册子”。

鉴于之后宣称为由维也纳学派激发的分析哲学大部分的保守性，最为显著的是这篇文章咄咄逼人的激进政治特征。科学的世界观与哲学和政治上反动的形而上学和神学倾向相冲突。在黄色小册子的作者们看来，维也纳学派“面对现时代”，抛弃形而上学，拥抱经验科学。这种发展使人想起马克思，它是与现代生产过程中的潜在解放内在关联的。维也纳学派与群众打成一片，因为“他们的社会主义态度往往会导致务实的经验主义观点”。黄色小册子讲述了一个短小但令人信服的故事，它把维也纳学派的观点追溯到自然科学的进展，致力于与反科学的、形而上学的倾向进行论战。它在最后写道：**“科学的世界观服务于生活，而生活则接纳了它。”**这种教诲性的陈述清楚地表明了诸如海德格尔这样的思想家对维也纳学派来说是危险人物。艾耶尔在1933年从维也纳寄给以赛亚·伯林（Isaiah Berlin）的一封热情洋溢的信中简洁地评论道：“所有的当代德国哲学家都是懒汉或蠢人。甚至是想到海德格尔都会使他们犯病。”

在维也纳学派的实证主义者看来，海德格尔的思想就是对反动的、反科学的形而上学的回归，这与政治上的泛德国抱负是一丘之貉。接下来十年的历史就悲剧性地证明了卡纳普的怀疑，维也纳学派的所有主要成员，其中大多数是犹太人，在 1936 年纳粹德国合并奥地利（*Anschluss*）的前后时期离开了奥地利。罗素写道："这些人都经过了严格的逻辑训练，显然，这使得他们不会受狂热教条的影响……"海德格尔于 1933 年陷入了对纳粹主义的政治热情之中，随后他及其追随者又被无为主义所深深困扰，与此相反，卡纳普则毕生都一直坚持左派的观点，而且的确在 20 世纪 60 年代美国的反种族主义运动中表现得非常积极。卡纳普与海德格尔冲突的争斗似乎不仅仅是对上述分析的边沁与柯尔律治争端的回应。

逻辑、经验主义、好的诗歌和坏的诗歌

记住了这一点，我们现在就来更为仔细地看一下卡纳普 1932 年的文章《通过对语言的逻辑分析清除形而上学》，

他在其中选择了海德格尔 1929 年的讲座作为形而上学无意义的主要案例。卡纳普反对形而上学的理由，并不是说这样的陈述是假的，而是说它们完全没有意义。对卡纳普这样的逻辑实证主义者来说，意义根植于证实原则，就是说，一个词或句子，只有当它原则上是可以得到证实的，才是有意义的。但什么是证实的条件呢？它们是双重的：逻辑的和经验的。

在维也纳学派看来，自罗素和早期维特根斯坦以来，**逻辑**就是一个自我指涉的系统，它允许把所有的命题都还原为重言式或矛盾式。借用这个经典的例子："所有的单身汉都是没有结婚的男人"这个命题就是一个重言式，因为它的谓词（"没有结婚的男人"）是可以与主词（"单身汉"）相互替换的，或者说是包含在主词之中的。这样的陈述就是哲学家们称作的"分析判断"。这种判断仅仅凭借它们的形式就是真的，但它们没有告诉我们任何有关存在之物，也就是关于事实的任何东西。重言式的对立面就是矛盾式，比如"所有的单身汉都是已婚的男人"，这从定义上看就是假的；它也没有告诉我们任何东西。所以，所有的逻辑命题都可以还原为重言式或矛盾式，它们或者必然为真，或者必然为假，但所有这些命题都是可以得到证实的，因而都是有意义的。另外唯一一个有意义的语词或句子的领域是关于**经验真理**的领域。早期维特根斯坦相信，一切经验呈现或复杂的事态都可以还原为反映了事实或“给予物”的简单命题。如果这些简单或者说是基本命题反映了事实，那么它们就是可以相对于事实加以证实的。我的命题“这是一棵兰花树”可以得到检验，只需要看一眼我面前的这棵美丽的巨大绿色植物就可以了。经验命题可以得到证实，因而是有意义的。

卡纳普 1932 年的文章的主要观点是，形而上学陈述在逻辑上和经验上都是无法得到证实的。例如，如果我说“焦虑揭示了作为人类的存在”，那么逻辑实证主义者就会问，这个命题在逻辑上是可以得到证实的吗？不能，因为它既不是重言式，也不是矛盾式。那么，它在经验上是可以得到证实的吗？不能，因为“存在”并不是像兰花树一样特定的事实。因此，这个命题是无意义的。适用于这个命题的说法也适合所有的形而上学命题：如果它们得不到证实，那么它们就是无意义的，只能通过逻辑分析得到克服。

但是，人们会问，如果形而上学得到了克服，如果我们像休谟一样把包含了无法证实的陈述的所有著作都付之一炬，那么哲学还剩下什么作用呢？卡纳普坚信，剩下的是逻辑分析的方法，他在1934年的论辩文章中说，“维也纳学派并不实践哲学”。但是，如果卡纳普是对的（这是一个很有可能的“如果”），那么我们如何解释这样一个事实，即哲学家和非哲学家已经被形而上学的问题困惑了几千年？那么多的人都如此愚蠢了这么长的时间吗？在他文章最后蛊惑人心的几页中，卡纳普引用狄尔泰（Dilthey）的观点回答了这个问题，他认为，形而上学表达了一种对生活的感觉，生命感觉（*Lebensgefühl*）。在这方面，形而上学就像是艺术，它同样表达了对生活的感觉或态度。然而——这里就是关键所在——形而上学不如艺术，因为诗人或音乐家并不认为他们的语词或意象具有理论上的或认识上的内容。因此，形而上学是糟糕的艺术，而形而上学主义者则是没有诗歌才能的诗人，没有音乐才能的音乐家。在卡纳普看来，最为奇怪的是，真正理解了这个问题的思想家只有尼采，他的思想或者有一些经验内容，比如他对道德史的分析，或者并没有选择用理论形式去表达它们（比如海德格尔），而是用诗歌的形式。卡纳普显然想到的是尼采的《扎拉图士特拉如是说》，这本书试图回答哲学上的虚无主义问题，但采用的是一种非形而上学的、神秘主义的、甚至是有些魔幻的方式。

依然隐藏着的哲学冲突的核心

阿恩·奈斯（Arne Naess）诙谐地说道，“认为卡纳普是以恶魔解读《圣经》的方式读了许多海德格尔的东西，这并非完全没有道理。”这无疑是真的，但正如我始终试图表明的那样，卡纳普和维也纳学派对海德格尔的猛烈抨击有可以理解的理由。科学的世界观与卡纳普所认为的海德格尔的形而上学之间的冲突不仅仅是一种理论上的分歧，而且表达了深深铭刻于上个世纪社会和政治上的冲突。就我所知，卡纳普在他的晚期著作中再也没有谈起与海德格尔的冲突。但海德格尔都说了些什么呢？

海德格尔惯于以傲慢轻蔑的态度对待他的批评者，

完全不与他们进行正面交锋，在我看来，这并不能算作他的优点。因此，在海德格尔已出版的著作中只有一个附带的注释中提到了卡纳普。然而，在他的整个哲学思想中都贯穿着与卡纳普所代表的那种哲学挑战的间接交锋。海德格尔更愿意把这称作“逻辑斯蒂”（logistics），而不是逻辑分析（logical analysis）或分析哲学（analytic philosophy）。在我看来，我们可以想象一下海德格尔在其著作的字里行间与卡纳普展开的争论，这场争论可以提出以下四点：

1 逻辑分析是客观化的语言体验最为极端的表现。这就是说，日常语言活生生的、有生命的特质遭到了剥夺，变成了一套形式化的技术程序。对语言进行的这种尝试性逻辑改革，有把语言变成语言使用者无法识别之物的危险。在他自20世纪50年代以来论述语言的著作中，海德格尔就鼓励我们经历“一种语言体验”，这是任何形式的元语言所无法表达的。卡纳普式的逻辑的元语言与那种体验的距离非常遥远。

2 逻辑分析语言的形式化把语言变成了一种技术工

具。卡纳普式的逻辑分析所采纳的这种语言观，在 20 世纪 50 年代被海德格尔称作“元语言学”，他把这种观点与他对于技术的观念联系起来。就是说，卡纳普式的逻辑分析属于这样一个历史时刻：即哲学被还原为技术性思考。海德格尔以令人难忘的话语补充道，“元语言和苏联的人造卫星、元语言学和火箭是一样的。”逻辑分析就是一种权力意志，就是一种对自然的支配，它界定了这个技术时代。

3 卡纳普试图仅仅通过消除诸如“存在”和“无”这样的词汇去克服形而上学，从海德格尔的观点看，这正表达了一种未经反思的形而上学的世界观。如上所见，海德格尔认为，形而上学的历史就是存在被遗忘的历史。相信“存在”一词应当完全从意义语域中删除掉，这属于这种遗忘最为极端的表现。因而，卡纳普对形而上学的克服，正如所寻求克服的形而上学一样，是形而上学的。

4 在这种意义上，卡纳普对尼采的赞扬就是相当

> 发人深省的了，因为海德格尔的追随者会认为，逻辑分析在形而上学史上属于次于尼采的时期。这也许可以使人想起尼采在《偶像的黄昏》中这样写道："赫拉克利特在这一点上总是对的，即存在就是一个空洞的虚构。"虽然尼采或许会把逻辑实证主义看作他自己颠覆柏拉图主义的一个序曲。

至少，这就是我们可以**想象**的海德格尔对逻辑实证主义的一种回应方式。但让我们回到海德格尔在其已出版的著作中唯一一处提到卡纳普的地方，因为他实际上所说的话相当令人惊讶。它出现在 1964 年的一封信中，这封信是作为写于 20 世纪 20 年代的一篇文章的前言出版的。海德格尔在竭力克制自己的情况下谈到，

> 那些努力尝试所依然隐藏的核心，这些尝试正是我们这个时代的"哲学"，从其最为极端的对立立场 [卡纳普→ 海德格尔]，所趋向的。我们如今把这些立场称作：技术－科学的语言观和思辨－阐释的语言体验。

现在，我想把这段话理解为海德格尔对哲学中两种文化问题的表述。就是说，当代哲学一致认可，语言是思想得以发生的领域，但如何才能最佳地理解和描述这个领域，则存在完全相悖的意见。在卡纳普看来，这就是要改变日常语言的模糊性和不一致，以便对可以和不可以说的东西有清楚的看法。在海德格尔看来，这是经历一种语言体验，它反映着发生于日常生活中的一切。

卡纳普的教条

一时间还不能想象卡纳普和维也纳学派的观点为分析哲学家们所普遍接受。情况远非如此。在 1982 年与布赖恩·麦基(Brian Magee) 讨论逻辑实证主义的是非曲直时，艾耶尔苦笑道，“噢！我认为最为重要的缺陷是，它几乎全部都是假的。”在这方面，可以简略地指出三个问题领域：

1 卡纳普区分科学与形而上学的标准就是他的证实主义的意义理论。卡尔·波普尔（Karl Popper）令人信服地指出，这种意义概念作为判定这种区分的标准过于狭窄，因为许多科学理论都具有很强的思辨性。他给出了爱因斯坦的例子作为一个证据：相对论就是一种思辨性猜想，无法把它完全还原为一套经验观察陈述。的确，这也同样适合于解释牛顿力学，它被接受为一种理论，并非因为它在经验上可以得到证实，而是因为它是一种具有最大解释力的假说。如果牛顿的或爱因斯坦的观点后来通过观察得到了确证，那么情况就会更好一些。如果没有得到这样的确证，它们就有可能遭到反驳。一种猜想的真实性取决于它是否能够经受住反驳。因此，波普尔自己对于科学与形而上学的分界标准是可反驳性。如果一个理论是可以反驳的，它就是科学的；如果它无法反驳，它就是形而上学的。

2 第二类问题出自于证实原则。首先，面对批评性的攻击，卡纳普弱化了他的观点，从完全的经验证实变为“可确证性原则”。根据这种观点，句子和语词，如果它们**在原则上**可以由**可想象的**观察得到确证，就是有意义的。这，尽管比先前的那个略为宽松一些，仍然是一种经验的意义标准。然而，这里的真正问题是证实原则本身的地位：如果一切命题都必须由证实原则得到证实，那么，这个原则本身如何得到证实呢？就是说，什么是对证实的证实？回想一下，根据证实原则，当且仅当语词和句子可以被还原为重言式，或者在经验上是可观察的，它们才是有意义的。证实原则不可能是一个经验陈述，因为正是由于它，经验陈述才获得了意义：这个原则本身是观察不到的。但它也不可能是一个重言式，因为虽然它本身不是一个事实，但它与事实具有一种关系，因为它正是这些事实得以判断的标准。逻辑重言式仅凭定义就无法与事实具有任何关系。因此，如果它既不是重言式，也不是事实陈述，那么，我们如何可以证实这个证实原则呢？唯一的选择是，它应该在某种程度上是自我证实的，这就意味着，它可以作出关于自己的陈述，提出自己的论证。这就开始听上去像是卡纳普和维也纳学派希望克服的老派的形而上学了。可以这样更为形象地表达这里的问题：证实原则是现代版的奥卡姆剃刀，它从经验事实的领域剔除了多余的形而上学实体。问题是：这个剃刀如何能够剔除自己？如果这个剃刀无法剔除自己，那么，我们就愈加无法证实这个证实。证实原则在实践上是自相矛盾的。

3 但是对卡纳普最为棘手的反对意见是他的学生奎因在他著名的论文《经验主义的两个教条》（1951）中提出的。经验主义的第一个教条就在于逻辑重言式和经验观察陈述之间的区分——从严格意义上讲被称作分析与综合的区分——的可行性。第二个教条是奎因所谓的“彻底的还原论”，就是说，每个经验陈述都可以被还原为关于事实或给予物的陈述。奎因认为，第二个教条无法得到支持，如果是这样的话，第一个教条也就落空了。由此，卡纳普有关意义的整个图景就崩溃了。用威尔弗雷德·塞拉斯（Wilfrid Sellars）的话说，诱惑卡纳普和维也纳学派的是“所予的神话”，这种观点认为，语词和句子与当下可得的实在具有直接的关系。奎因勾勒出了关于信念与经验之关系的另一个图景，把我们的全部知识比作“只是在边缘上对经验有影响的人造结构”。这种观点的结果是关于信念与经验或概念与直觉之关系的更为全景式的说明，奎因称之为“彻底的实用主义”。虽然奎因在晚年的著作中以更为强烈的自然主义措辞说明他早期的观点，但正是这种对经验主义的实用主义批评，使得理查德·罗蒂建立了与欧陆哲学传统的诱人联系。

维特根斯坦认为他理解海德格尔之意

正如我们所见，这场思想的碰撞大多都集中在形而上学问题上：卡纳普谴责海德格尔是一个形而上学者，而海德格尔则暗示卡纳普的科学世界观预设了一种未经审视的形而上学。因而，他们都指责对方犯了相同的形而上学错误。这种明显的无礼行为在哲学史上并不新鲜。为了调和这两种对立的立场，让我转向维特根斯坦的一小段话，这也是写于1929年，作为对海德格尔讲座的回应。他写道：

> 的确，我可以很容易地理解海德格尔的存在和焦虑所指何意。人有碰撞语言界限的冲动。例如，想想任何一种事物的存在带给人的惊奇。这种惊奇无法用问题的形式来表达，也没有什么答案。我们可以说的任何东西都先验地属于毫无意义的。不过，我们的确在碰撞语言的界限。

把维特根斯坦看作调解海德格尔与卡纳普冲突的第三方在这里或许有所帮助。虽然维也纳学派的逻辑分析纲领很大程度上是受到维特根斯坦的《逻辑哲学论》的启发，但维特根斯坦与维也纳学派的关系却从未顺畅自如，维特根斯坦于1929年突然莫名其妙地与卡纳普断绝了关系。而且，在维特根斯坦于20世纪20年代后期重返哲学后，他的观点经历了急剧的变化，这使他更加远离了维也纳学派。在奎因之前，维特根斯坦就把《逻辑哲学论》中的观点看作是教条。因此，如果前期维特根斯坦是被可以还原为逻辑的语言图画所支配，这种情况下的语言可以使人说出能够说的一切而对剩下的缄默不语，那么，后期维特根斯坦就是寻求通过分析日常语言用法而摆脱这幅图画。正如他在《哲学研究》中所言，“不要寻求意义，而要寻求用法。”这就是说，哲学的核心问题变成了在语言的日常使用中对语言的理解。我们并不需要发明一种新的语言，因为我们拥有的语言完全足够了。

维特根斯坦曾叙述了他与摩尔在剑桥对话的轶闻，他们的对话关注的是下面的问题：我们必须掌握逻辑分析以便理解我们用日常语言的命题所指的东西吗？维特根斯坦

图 19 雅克 · 卡洛（1592—1635），《傻老头》

用这句话来回应摩尔:“多么该死的看法!”在这种意义上，想到海德格尔，我们就会把后期维特根斯坦看作在寻求摆脱形式的元语言，而走向这样的语言体验。所以，如果卡纳普克服形而上学的尝试是基于前期维特根斯坦的观点，那么后期维特根斯坦就代表了所谓的“对克服的克服”，在这里，我们就把逻辑分析的教条抛至一边，回到日常语言以及用这种语言表达的杂乱多样但丰富多彩的日常的人类社会生活。

然而，我们不应把维特根斯坦想象成某种快乐的海德格尔追随者。绝不是这样一回事。显然，他的评论包含了对海德格尔的重要批评。这就是说，维特根斯坦认为，他知道海德格尔所称的存在和焦虑所指何意，但却暗示，这种东西是无法说出来的，否则就变成了无意义的东西。根据维特根斯坦的看法，海德格尔在 1929 年的讲座中想做的事情就是要碰撞语言的界限，以说出不可说的东西。现在，在维特根斯坦看来，无意义是一个严肃的问题，它检验着人类的深层欲望，他把这描绘为伦理层面的欲望。尽管如此，海德格尔所说的就是无意义的东西，这也正是卡纳普的观点。“什么是形而上学？”这个问题就是语言处于休息中的典型例子。所以，维特根斯坦知道海德格尔用存在和焦虑所指的东西，这并不一定意味着这些话所指的正是海德格尔认为它们所意味的东西。

在我看来，海德格尔与卡纳普冲突的关注点并不在于决定谁对谁错，而是在于把这个冲突看作明确地表达了哲学问题和文化反常，这些对我们来说仍然非常重要。如果没有看到这一点，那么我们就会陷入一种毫无结果的哲学僵局，就是说处于一方面是科学主义另一方面是蒙昧主义的僵持局面。下一章的题目就是要试图在这个僵局中找到出路，进入海德格尔所说的依然隐藏着的哲学核心。

第七章

科学主义与蒙昧主义的对立：避免传统的哲学困境

真正的哲学在于重新学习看待世界。

——梅洛-庞蒂

正如我在第四章所言，欧陆传统中的大多数哲学都可以说是对现代世界中一种危机感的反应，并尝试以解放的信念提出对现时代的批判意识，这就在一定程度上解释了它与大多数分析哲学之间最为显著的和戏剧性的差别，即它的**反科学主义**。从欧陆的观点看，在哲学中采纳科学主义，并未能抓住哲学的批判和解放功能：这就是说，它没有理解科学的世界观与尼采所谓的虚无主义之间可能的共谋关系。它根本就没有理解科学和技术在人类异化出世界的过程中所起的作用。这种异化的出现可以有各种方式，或者是通过把这个世界转变为在因果上确定的与孤立的人类主体相对的对象领域，或者是通过把这些对象转变为可以毫不在意地进行检查或交易的无聊商品。

对科学主义的批评在于相信，自然科学的模式无法而且也不应当为哲学方法提供模式，自然科学并没有为人类提供他们通往世界的主要的和最为重要的通道。我们看到一系列欧陆思想家均表达出这种信念，比如伯格森、胡塞尔、海德格尔以及 20 世纪 30 年代之后与法兰克福学派相关的哲学家。在这方面，哈贝马斯的著作《知识与人类旨趣》（1968）值得大力推荐。在哈贝马斯看来，科学主义意味着科学对自身的信念：这就是说，“确信我们不再能够把科学理解为**一种**知识形式，而是必须把知识等同于科学。”《知识与人类旨趣》是对科学主义的系统批判，这种科学主义按照历史脉络前进，从 19 世纪中叶恩斯特·马赫和奥古斯特·孔德（Auguste Comte）的著作中对康德批判哲学的接受重建了实证主义的出现。从根本上说，哈贝马斯叙述了维也纳学派科学世界观的萌芽时期，但他的意图既是批判的也是解放的。他认为，实证主义和科学主义就在于拒绝任何批判反思的概念，这种反思体现在康德的著作以及那种批判性纲领在德国唯心论的发展中，这种纲领为马克思、韦伯和早期法兰克福学派的解放的社会理论提供了基础。哈贝马斯这样说的意思是，康德的批判哲学（如我们在第二章中所见）就是对一个认识主体、说话主体以及行为主体的可能性条件的反思。康德由此就是在寻求确立理论科学知识的基础，但他的先验探究具有解放的意义，就是说，它寻求的是捍卫人类自由的概念。哈贝马斯这样说，"'改变人生'的自我反思的行为就是一场解放运动。"黑格尔由此就把批判纲领推向了一个新的阶段，他考虑了康德哲学必定预设了一整套与语境相关的假设，这些假设根植于实际存在的生活世界和社会生活的结构和历史之中。这就是说，康德的**知识**图景必定预设了一整套没有得到恰当反思的旨趣——这就是黑格尔主张的基础，即康德的伦理学虽然具有值得称道的意图，但仍然是一种脱离语境的、抽象的形式主义。哈贝马斯的论点是，在黑格尔之后，这种对于知识与旨趣关系的批判性反思的概念是由弗洛伊德的心理分析以例证的方式重新提起的，虽然弗洛伊德令人遗憾地倾向于科学主义，而这正是哈贝马斯竭力想要去除的。这就是说，心理分析是一种批判的反思的实践，它寻求的是把人类从各种幻觉中解放出来，这些幻觉人类很容易沉溺其中，而且“理解了这些幻觉，主体就从自身中解放了自己”。

做现象学

然而，有一种危险在于，对于科学主义的合理担忧会发展成反科学的态度。这就是**蒙昧主义**的危险。在我看来，在哲学上应当避免的两个极端就是科学主义和蒙昧主义，它们反映了分析哲学与欧陆哲学内部都存在的致命的倾向，正如卡纳普与海德格尔之间的冲突表明的那样。在海德格尔唯一提及卡纳普的地方，他谈到的是当代哲学中相互对立的立场之间“仍然隐藏着的思想核心”。我现在想试着思考一下这个核心，捍卫现象学的这样一个观念，其目的是在不陷入蒙昧主义的前提下摧毁科学主义。

梅洛-庞蒂用一句很好的措辞描述了现象学的任务，即“揭示人类经验的前理论层面”，而科学世界观的理论态度正是基于这样的人类经验。我在这里要捍卫的正是类似于梅洛-庞蒂的现象学观念。就我的理解，这就是**做**

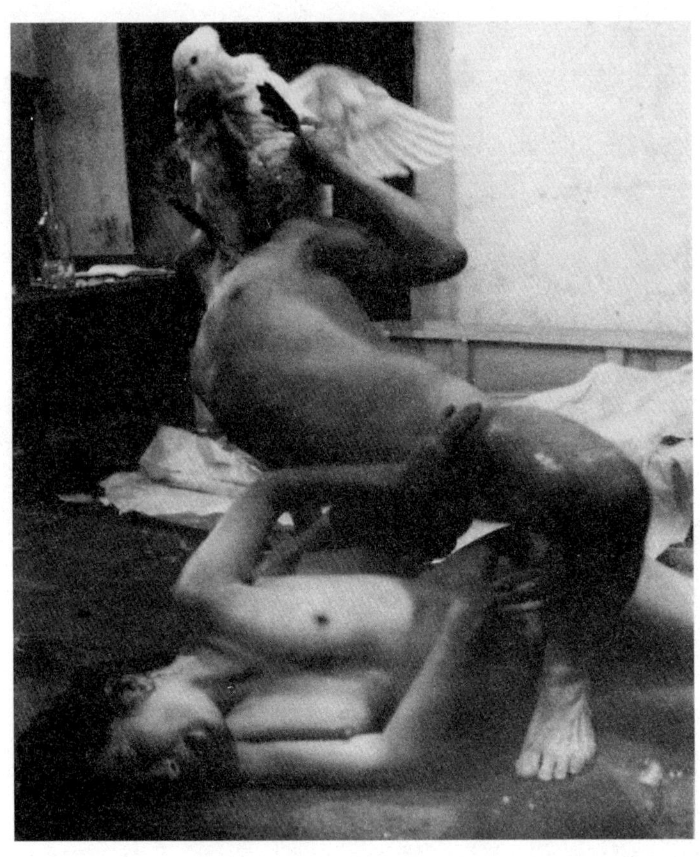

图 20 奥托·穆尔，《噢！感觉》（1925）

现象学的问题，旨在力图揭示人和万物的经验的前理论层面，并为这种自身极其严谨并具有其可靠标准的层面找到一种恰当的描述方式。正是前理论体验的这种冷酷的但又是最难以把握的方面，使得现象学有了阐明的任务，这是一种对熟悉之物的神秘，梅洛-庞蒂试图用“知觉信念”这个概念对其加以说明。这就是说，当我睁开眼睛环视周围的世界，我就完全相信，它是存在的，富有意义的。问题是，当我开始反思这一点，并询问自己，“好吧，我如何能够确信，如果我的感觉证据并不总是完全可靠，那么外部世界是否对我依然存在？”这个信念就破灭了。如果人们已经得到了这种反思的立场，他们又如何重新获得这种朴素的知觉信念？梅洛-庞蒂对这个问题的回答是用了他所谓的“过度反思”（hyper-reflection）这个概念：这就是说，现象学就是对先于反思的东西的反思，即对经验的前理论基础的反思。这里的关键在于，接触人类经验的前理论水平的方法，对我们这些掌握了各门学科理论态度的人类来说并非必定是直接的。因此，现象学就意味着要重新学习看待以可感觉的和实践的方式呈现出的世界。

前科学

那么，现象学如何才能避免科学主义和蒙昧主义呢？让我们从科学主义开始。在我看来，**科学主义**是基于这样一种错误的主张，即认为看待万物的理论方式或自然科学方法提供了使我们了解自我和世界的主要的和最为重要的方式，而自然科学的方法论则提供了解释一切现象的最好形式。现象学表明，在诸如卡纳普和诺伊拉特那里的，科学的世界观，完全依赖于一种以近便的、就事论事的方式把世界看作前反思存在的先验的实践观点。这个世界就是我们所谓的**环境**（德文词是 *Umwelt*），它在我们的周围，与我们最为密切、最为熟悉，也是对我们最有意义。这种周遭世界并不是价值中立的客观的科学世界，而是已经由我们的认识、伦理和审美价值赋予色彩的世界。这就是说，科学主义，或胡塞尔口中的客观主义，就是忽略了作为科学实践条件的**生活世界**这个现象。在《欧洲科学的危机》中，胡塞尔将生活世界描述为下面的样子：

这属于理所当然的，先于一切科学思想和一切哲学质疑，即世界是——并总是——在先的，对观点的每一次修正（无论是经验上的观点还是其他的观点）都预设了这个已然存在的世界，即对于给定情况中毫无疑问地存在着的事物的一种视野……同样，客观的科学也是在通过前科学的生活而在先的世界存在的基础上提出问题。

在现象学的范围内批判科学主义，并不是要抛弃或否定以对于人与自然之统一的某种神秘的领悟或其他什么的名义得到的科学研究的结果。相反，它只是认为，科学并没有为我们提供获得关于自我以及世界的认识的主要的或最为重要的方式。反科学主义完全不是指一种反科学的态度，也不是指“科学并不思考”，这是晚年海德格尔的一个说法，它带来的问题比它所解决的问题还要多。在我看来，这里需要的是青年海德格尔《存在与时间》中基本上被忽略了的但极有启发的说法，即“**存在性的科学观**”。这就表明了自然科学的实践如何来自于生活世界的实践，而生活世界的实践不能简单地还原为自然科学的解释。

让我来用海德格尔所谓的“前科学”概念（德文是 *Vor-wissenschaft*）对这一观点稍加详述。海德格尔于1924年所作的清晰透彻的讲座包含了《存在与时间》中许多论证的雏形，他在这个讲座中把他的反思描绘为属于一种前科学，这就是对科学研究可能性条件的解释性阐述。海德格尔这里所指的是，前科学描述了生活世界实践中的科学理论态度的社会起源。在这里我可以大胆地认定，海德格尔尝试着将其思想换成轻松一些的说法，就是说，他把这种前科学描述为科学进程中的警察，临时搜查一下古人的房屋，检查科学研究是否真的接近事物本身，因而也就是现象学意义的，或者科学是否研究的是传统的或流传下来的关于事物的知识。我们可以想象这样一种现象学的警察部队大批逮捕和拘留了所有具有自然主义倾向的哲学家。在海德格尔的其他著作中，这种现象学意义的监督被称作**构成逻辑**（productive logic）。就是说，这是对生活世界的一种前科学的揭示，它呈现在科学之前，为科学奠定了基础。海德格尔这里要说的似乎是，与经验主义者或洛克式的把哲学家看作服务于科学的观念（如在第一章中所讨论的）不同，构成逻辑呈现在科学之前，表明了科学的基础在于一种关于个人、万物和世界的现象学，即前理论的经验层面。

我所谓的“现象学的前科学”或“存在性的科学观”并不挑战或否定科学的成果。它表明了科学的理论态度在我们的各种生活世界实践中找到了其可能性的条件——用哈贝马斯的话说，理论知识根植于实践旨趣。而且，下面将更为清楚的是，它表明了这种实践需要解释性的阐明或一种阐释学，而不是关于自然科学的因果假设或对伪科学的类似因果的解释。现象学所提供的是对个人、万物和我们生于斯长于斯的世界进行澄清的重新描述。这样，现象学就不会带来任何伟大的发现，而是给我们提供了一系列的提醒，即提醒我们所熟知的但当我们主张自然科学的理论态度时就被遮蔽起来了的事物。现象学给我们提供的是我们所谓的“日常回忆”，即回想起构成了日常生活错综复杂的精细网络的背景实践和线索。

《X 档案》情结

现在让我转向蒙昧主义。重要的是要指出，这种现象学的反科学主义**可能**导致一种反科学的**蒙昧主义**，这在许多方面是被颠倒的或被歪曲的与科学主义对立的概念，但只要我们足够小心地加入一点思想纠察，就**并不一定**会是这样。这里的蒙昧主义可以定义为反对自然科学提出的因果解释，而提出另一种因果解释，这是一种或多或少更高层次的、但在根本上却是玄妙的解释。这就是说，蒙昧主义以反科学的、神秘的但依然是因果的解释取代了被认为是科学主义的科学解释形式——地震不是由地壳的板块运动引起的，而是上帝对我们罪恶的愤怒。

作为一种文化现象，这种东西在《X档案》的每一集中都可以看到，即提出了两种因果假设，一种是科学的，另一种是超自然的，而前者总被证明是错的，后者则是对的，但在某个方面我们仍然存有疑惑。就是说，这种超自然的现象可以得到解释，但其原因则仍然是个谜——这是一种神秘之物。作为一种文化消遣，这可以被看作无伤大雅，但《X档案》情结的影响在其他地方则会更为有害。蒙昧主义的类似解释不外乎，上帝的意志、外来生物的无处不在、星座对人类行为的作用等等。不太明显的但却同样具有潜在危害的例子是弗洛伊德的本能的内驱力、荣格的原型、拉康的真实、福柯的权力、德里达的延异（*différance*）、列维纳斯的上帝痕迹，或者，确切地说，后期海德格尔中的存在于历史中以及作为历史本身的划时代的隐退。这个名单还可以增加。

在我看来，我们仍然可以从现象学中学到的是，当它成为我们通往个人和万物的首要的和最为重要的方式（我们可以称之为我们关于整个社会的全部隐含的知识背景储备），我们并不要求对莫名奇妙的原因给出有关因果的科学解释或伪科学的假说，而是需要我倾向于（考虑到维特根斯坦）称作的**阐明性评论**。例如，“事物对我们而言最为重要的方面由于简单和熟悉而隐藏起来。（人们无法注意到某个东西——因为它总是在人们的眼前。）”阐明性评论清楚地刻画了我们日常生活的特征，它们被隐藏起来但却是不言而喻的，它们之所以隐藏正是因为它们是不言而喻的。它们使得这些现象变得更为清晰，改变了看待它们的角度，给予事物一种新的、令人吃惊的概述。在这种意义上，现象学就是对不言而喻已知的但却未被关注的东西的重新安排；它使得我们可以重新学习如何看待世界。当然，用这种方式去看海德格尔的思想，并不像谈论存在的隐退或其他什么中划时代的贡献那样令人激动，但或许，这份激动正是我们最好应当克服的东西。

我以上所说应当可以清楚地表明，我是在试图对当代哲学图景给出一个小小的病理诊断，也就是要评论一番（也可以说是减弱一些）欧洲哲学和分析哲学最为放肆的地方。一方面，在某些欧陆哲学中存在一种蒙昧主义的危险，在这种哲学中，阐明社会现象就要涉及到范围广阔而含糊的力量、实体和范畴，就像是解释了一切又什么都没有解释一样。例如，类似互联网（或者是手机、甚至是移动房屋）这样的现象，可以被看作是进一步证明了支持海德格尔所谓的构架（*Gestell*）论题，这是普遍存在于技术世界的大致态度，因而从属于对存在的遗忘。这样，对日常现象的恰当解释就要涉及到类似因果的因素，它们的作用就像古代神话中的诸神一样。个人生活和公共生活的任何方面都可以看作是证明了力量的惩戒基质、“大他者”（Big Other）的分解和真实之物的创伤、无器官身体的多样变化，如此等等。凡是存在这种蒙昧主义倾向的地方，其治疗方法就是要解除神秘或解除神话。就是说，一定存在这样一种批评，它探讨和研究了我们最初为什么会卷入其中。

但在我的小小病理诊断的另一面，在分析哲学的某些领域存在一种顽固的科学主义的危险。如果我们可以想象一篇哲学论文题目是“感受性和唯物主义：弥合解释鸿沟”，那么，为什么不会是这样的论文题目“大爆炸和我：弥合解释鸿沟”或者“自然选择和我：弥合解释鸿沟”？这种科学主义方法的假定是认为，存在一个通过更好的经验解释就能得到弥合的鸿沟。而我在这整本书中的观点就是，这里有一个无法通过经验探究而得到弥合的感觉鸿沟（即知识与智慧之间的鸿沟）。这就是说，生命意义的问题无法还原为经验的探究。知识与智慧之间的感觉鸿沟正是批判性反思的真正空间。在哲学中，但更为普遍地说是在文化生活中，我们需要剪掉科学主义和蒙昧主义这两翼，由此避免欧陆哲学和分析哲学中最为糟糕的东西。这就是说，我们需要避免错误地相信，我们可以通过因果的或类似因果的解释来解决需要现象学阐明的东西。当然，说的容易做起来难，但至少我们可以开个头。

当然，科学主义和蒙昧主义之间的区别并不像我指出的那样简单。首先，蒙昧主义并非单一的东西。的确有一种基于信奉某种超自然神秘之物的蒙昧主义，比如信奉宙斯、耶和华或死神——我们可以称之为“神秘的蒙昧主义”。但还有其他的蒙昧主义，它们是可以通过科学证明的：“医生，难道你不明白我的失眠和好斗是由于我去年夏天宿营的时候被外星人劫持了吗？”或者是“只需要再有一年的研究，我就会最终证明物质是神性显现的结果”。当然，也有一些科学主义是基于信仰，因此也就等同于蒙昧主义。例如，我也许会相信一切心理状态都能够还原为进化的安排，而并不知道如何还原或者为什么要还原。我们只是这样觉得。我们可以称之为“神秘的科学主义”或其他什么。我们只是说，有一种迫切的需求，是对科学主义与蒙昧主义的区别建立更为详尽的分类系统。

来一点思想纠察

如果我们想要能够探究本书描绘的两种哲学文化之间依然隐藏着的核心，那么我认为，我们就需要加入一点思想纠察。就是说，我们需要回到最初由马克斯·韦伯提出的，解释与澄清之间、因果的或类似因果的假设与对阐述、解释或其他什么的要求之间的经典区分。简而言之，韦伯认为，自然现象需要因果解释，但社会现象则需要澄清，即对事物为何是如此这般给出理由或提出可能的动机。哲学的任务之一是要提醒我们，我们迫切需要作出这种区分，如果我们没有这样做，那么我们就会陷入我们看到的海德格尔与卡纳普之间的尴尬局面，就会有落入科学主义、蒙昧主义，或者是《X档案》情结的诱人黄昏带的危险。本章中我的观点始终是，确保我们作出这种区分的最好方法，是通过一种虽非令人激动但却令人信服的现象学观点，但毫无疑问还有其他方式可以达到这个目的。我的观点希拉里·普特南已经进行了很好的表述，他是来自分析传统的哲学家，他对哲学中科学主义的批判逐渐响亮起来：

我认为，亚里士多德的观点完全正确：伦理学关注的是我们如何生活以及人类的幸福，他同样十分正确地认为，这种知识（“实践知识”）不同于理论知识。承认知识的领域比“科学”的领域更为广阔，我认为，如果我们要得到一种关于我们自己以及关于科学的健全的人性的观点的话，这种知识观似乎是一种文化的必然。

我们的生活伴有知识与智慧的鸿沟，而且我们涉身其中。现在哲学家以及我们每个人应该开始思考这道鸿沟了。利害攸关的可能不仅是我们个人的心灵安宁。

第八章

运用你自己的理性：理论的枯竭和哲学的前景

可以想象，在未来，令人厌倦的“分析哲学与欧陆哲学的分裂”得到回顾时被视为暂时性的不幸的交往失败——在未来，塞拉斯与哈贝马斯、戴维森与伽达默尔、普特南与德里达、罗尔斯（Rawls）与福柯，被看作相同旅途中的结伴者……

——理查德·罗蒂

我认为至少可以说，哲学目前的状态有趣地显露出整个理论模式的枯竭。正如我在上面所说，分析哲学已经有幸得到了某种历史的自我意识，变得对自己的传统有了兴趣，并且意识到在康德与弗雷格之间的德国哲学的确有一个引人入胜的故事可以讲述。但我们感到不解的是，这是否来得有些晚了，而且这种对分析哲学的起源、历史或者是黑格尔的前历史的兴趣以及目前对后分析哲学的热潮，是否只是在亡羊补牢。

在德国，哈贝马斯退休后的法兰克福学派对其目前日程和未来方向很不确定，通常很难看到有什么东西可以把它与英美的道德哲学、政治哲学和社会理论等更为广泛的主流运动区别开来。当然，战后的大多数德国哲学都隐含着这样一点：即纳粹主义灾难之后的正常化。更为宽泛地说，德国在哲学上多少得到了平静，战后伟大的一代如哈贝马斯、卡尔–奥托·阿佩尔（Karl-Otto Apel）、恩斯特·图根哈特（Ernst Tugendhat）、米歇尔·特尼森（Michael Theunissen）、迪特·亨利希（Dieter Henrich）和尼古拉斯·卢曼（Niklas Luhmann）等人大多都已经亡故或退休，而他们的后继者则还没有达到他们的思想高度。

我们正视现实吧，巴黎已今非昔比。法国20世纪30年代新康德主义的崩溃和法国人所谓的3H（黑格尔、胡塞尔、海德格尔）的兴起，带来了思想璀璨的两代人。在第一代人中，我们会想到列维纳斯、萨特、德·波伏瓦（De Beauvoir）、梅洛–庞蒂、列维–斯特劳斯（Levi-Strauss）、拉康、巴塔耶和布朗肖特。在第二代人中，我们会想到阿尔都塞、福柯、德里达、德勒兹、利奥塔和克里斯蒂娃。虽然德里达依然有强大的影响力，仍然有大量有趣的哲学工作正在继续（特别是法国道德哲学和政治哲学的复兴），以及现象学极有影响的复兴，但我们的印象却是，其中没有一个能够使世界变得一片光明。

当然，这里提出的问题针对的是通常概念的欧陆哲学。曾得到证明的专业内部的理由是，有一种哲学传统贯穿了德国唯心论和浪漫主义，直到现象学和阐释学以及法兰克福学派，这完全被占主导地位的分析哲学所遗忘、压制或者就是被忽略掉了。在这种意义上，以可以追溯到穆勒和阿诺德的十足英国式的姿态，这是个通过水路引进外国王子（公主），用一点欧陆的甜美和光明照亮了阴暗的功利主义的问题。但我所理解和试图加以解释的欧陆哲学本身，却面临着两个根本问题：首先，如前所示，在海峡两岸正在进行的是一件并非**那么**有趣的工作；其次，被忽略了的这个传统的大部分内容，现在则得到受过分析哲学训练的哲学家们饶有兴味的解读和使用，他们目前的工作正是基于泰勒、卡维尔和罗蒂这样的哲学家所建立的基础。

对于沉浸于千禧年氛围中的人而言，并不十分清楚的是，究竟什么是哲学上的未来，如果真有这样一个未来的话。但从光明的一面看，我想在本书的结尾提出一些针对目前状况的可能的补救方法。让我们回到我们的起点，即康德。康德用一句话概括了启蒙主义的纲领："运用你自己的理性！"（*Sapere aude*）这句话可以得到不同的理解：**敢于为自己而着想**。这就是说，欧陆哲学家们无法，在我看来则是不应当，期望从水路引进新的王子（公主）。我们无法期望从法兰克福、巴黎或其他什么地方引进新的伟大的欧陆模式。

我们必须从哲学上为自己考虑，当然，这完全是一件冒险的事情。但我认为这种工作刚刚开始，而且我要说，在英国，以及英语世界的其他地方，重新出现了一种真正非宗派的对由这两个主要传统提供养分的深层哲学问题的兴趣，也就是说，这些问题必须满足当地的情况，学会讲这个地区的方言和部落的语言。其中部分问题就在于，欧陆哲学一直以来被简化为一套专名，它们带有各种相互对立的方法论，我们在某个或一系列入门课程中，或者是通过阅读类似本书一样的著作，就可以带有热情、迷惑或者冷漠地大致了解他们。在我看来，这不再是崇拜一系列专名的问题，而是对它们遗留下来的东西**做些事情**；做具有创造性、发明性主题的工作，而不是将自己局限于翻译和注释。哲学必定是与一定思想传统具有批判关系的论证清楚的概念创造，而不是令人伤感地哀悼失去的机会或只是强化人的常识的技术。

正如我一直试图表明的，哲学研究中目前的分野是某种多少有些不充分的专业自我描述的结果。欧陆哲学和分析哲学在很大程度上都是宗派性的自我描述，这是学科专业化的结果，这个过程导致了哲学批判功能及其解放的目的的削弱，以及它在文化生活中逐渐的边缘化。这样，借用罗蒂的说法，这种区分就变得令人厌烦了。

我在本书中一直尝试讲述的是怎样能够把这个区分放置于更为有趣的历史图景中，即欧陆哲学和分析哲学都可以被看作是对“两种文化”问题的至关重要的表达：

科学说明与人文阐释的对立、经验－科学主义－边沁－卡纳普与阐释学－浪漫主义－柯尔律治－海德格尔的对立。我的观点始终是，当这种文化状况没有得到恰当的理解，那么我们就冒险陷入了一种毫无结果的而且有害的尴尬境地，一方面是科学主义，另一方面是蒙昧主义。要正确地理解哲学中两种文化的问题，我们就要理解哲学自康德以后的道路分殊以及界定了哲学的不同问题。我一直关注康德之后的理性危机这一主题，描述了由此引发的虚无主义问题，以求勾勒出欧陆哲学这一面。我希望，一旦这个过程更为清楚了，我们学会了克服久治不愈的宗派主义，那么，我们就会开始推进哲学，并且勇敢地面对深层面更具持久思想旨趣的问题，譬如那些关于知识与智慧之间鸿沟的问题。

最后，这正是我想提出的哲学的前景，这是一种有望实现的前景：哲学可能会构成文化生活中不可或缺的部分，并成为一种文化与其自己以及其他文化交流时必不可少的部分。哲学是在专门语境中进行批评性反思的时刻，人类由此得以有机会分析他们找寻到自我的世界，质疑在他们所生活的社会中被看作常识的东西，在这个社会中他们提出最为概括性的问题，诸如，“什么是正义？”，“什么是爱？”，“什么是生命的意义？”。更为泛泛地说，这个希望就是，这种问题所提出的各种考虑可以通过探究和论证而具有教育意义和解放的效果。正如斯坦利·卡维尔所言，哲学是一种成人教育。但这应当很难算作新闻，因为对哲学的这种描述，是连苏格拉底都不会感到惊奇的。

图 21 乔治·德·希里科（1888—1979），《孩子的大脑》

附　录

所谓的“德国唯心论最古老的体系－纲领”（1796）

该页正面

一种伦理学。由于整个形而上学在未来都将归属于**道德**——康德只是用两个实践公设和**穷尽一切的**无作为**例子**，这种伦理学将只不过是所有观念的，或者说是一切实践公设的，完整体系。第一个观念自然就是作为绝对自由存在物的**我自己**。以这种自由的自我意识存在 [*Wesen*]，整个**世界**就同时出现了——出自无——唯一真实的和可以想象的**无中生有**——我在这里会返回到物理学的领域；这里的问题是：一个世界如何必定为一个道德存在物而存在？我会再次使我们的物理学得到提升，我们的物理学正在经由实验途径缓慢而费力地前进。

因此——如果哲学赋予了观念和经验以材料，我们最终就可以获得我期望从上个时代得到的大物理学。这并不是说我们目前的物理学可以满足类似我们的或我们应当成为的创造性的精神。

我从自然界转到了**人类活动** [*Menschenwerk*]。把人性观念放在第一位——我想表明没有**国家**的观念存在，因为国家是**机制性的**东西，正如很少有**机器**的观念一样。

只有**自由**之物才能称作**观念**。于是，我们也必须超越国家！——因为每个国家都必会将自由人看作机器的一部分；但它不应当这样做；这必须**得到终结**。

你们可以亲眼看到，这里的所有观念，永恒和平的观念等，都只是**从属于**更高观念的观念。同时，我在这里想确立的是**人类历史**的原则，想完全揭示国家、宪法、政府、立法这一整套人类的悲惨创造物。最后涉及的观念是关于道德世界、神圣性、不朽——所有迷信、对教士职位的追求的复苏，这一直是最近由理性本身捏造的理由——所有灵魂的绝对自由，这些灵魂本身就承载着可理解的 [intellektuelle] 世界，可能并不寻求**它们身外**的上帝或者不朽。

最后要谈的是将所有的观念统一在一起的观念，这就是美的观念，这个词取自更高的柏拉图的含义。我现在相信，包含了所有观念的最高的理性行为，就是审美行为，而**真和善只有在美中**才是兄弟——哲学家必须和诗人 [Dichter] 拥有同样的审美能力。

该页反面

没有审美感的是我们的迂腐哲学家 [*Buchstaben-Philosophen*]。精神哲学就是美的哲学。一旦无法成为精神上的 [geistreich] 东西，我们甚至无法在精神上对历史作出推理——没有审美感。无法理解任何观念的人缺乏的到底是什么，在这里就显而易见了——可以如实承认的是，只要脱离了图表和登记，一切对他们来说都是神秘之物。

诗歌由此就得到了更高的尊严，最终它再次成为它在开始时的样子——（**历史**）**人类的教师**；因为不存在哲学，也就不再有历史，诗歌单独就可以超越一切留下的科学和艺术而存在。

同时，我们常常听到，大众应当有一种**感性的宗教**。不仅是大众而且是哲学家也需要关于心的理性的一神论，关于想象 [*Einbildungskraft*] 和艺术的多神论，这就是我们所需要的！

首先我在这里会谈到一个观念，据我所知，这个观念还不为人所知——我们必须有一种新的神话，但这种神话必须服务于观念，它必须成为关于**理性**的神话。

在我们把观念变成审美的——也就是神话的——之前，它们对**人们**毫无意义，另一方面，在神话成为理性的之前，哲学家一定对它感到羞愧。因此，开化的和未开化的人们最后一定会握手致意，神话一定会成为哲学的，而人们也会成为有理性的，哲学一定会成为神话的，以便使哲学家们变得感性。那时，永恒的统一就会降临我们之间。绝不会有轻蔑的眼神，人们在智者和牧师面前绝不会有盲目的颤抖。只有在那个时候，我们才能期望**所有**能力，个人的能力以及所有个人的能力，得到**相同**发展。任何权力都不会受到压制，于是精神的普遍自由和平等就会降临！——来自天堂的更高生灵一定会在我们之间建立这个新宗教，它将是人类最后的也是最伟大的作品。

引自安德鲁·鲍伊《美学与主体性：从康德到尼采》

（曼彻斯特：曼彻斯特大学出版社，1990 年）

安德鲁·鲍伊译

译后记

这是一本关于欧陆哲学的入门指南，但绝不是可以不假思索就一气读完的消遣读物。作者在书中对欧洲大陆哲学的历史演变、主要特征及其与分析哲学之间关系的来龙去脉的精到阐述，使每位读者在获得相关历史知识的同时，更体验到了思想的厚重与深沉。这就是作者给我们展现的宏大的西方思想文化的历史背景。在这个背景中，我们看到了西方哲学家们如何以思想的锋芒挑战和反思人类社会以及思想者本身。更为重要的是，作者在书中揭示的欧陆哲学的秘密，即批判、实践和解放，正是哲学在当下应当履行的重要社会功能。

我在繁忙的写作之中接受这本小书的翻译工作，主要是因为书中的主题正是我近些年来一直关注的话题，即分析哲学与欧陆哲学之间的对立与融合。我始终认为，这两种哲学传统之间的对立更多地是建立在相互误解的基础之上，而只有追寻它们共同的思想根源，我们才能清楚地理解它们的思想发展以及它们之间的分歧所在。克里奇利的这本小书在很大程度上支持了我的这个看法。但更有意义的是，我从这本书中也获取了很多对欧陆哲学本身的深刻理解，这些对我更好地认识分析哲学的性质以及未来发展都具有很大的启发。

该书作者克里奇利曾在英国的埃塞克斯大学工作多年，主要教授欧洲大陆哲学，这在以分析传统为主导哲学的英国很是不易。后来，他移居美国，现在担任纽约新学院大学的哲学教授。这所大学在美国以及英语世界以研究和宣传欧陆哲学而著名，曾是法兰克福学派在美国的大本营，过去有马尔库塞这样的哲学大家，现在则有伯恩斯坦这样的美国新实用主义的重要代表。我与克里奇利于 2006 年在杭州相识，当时我们共同参加由浙江大学外国哲学研究所主办的纪念列维纳斯百年诞辰的国际学术研讨会。我们共同讨论了列维纳斯这位当代法国哲学的重要人物，当然也谈到欧陆哲学与分析哲学之间关系的目前状况。他本人长期致力于对欧陆哲学的研究，虽然没有像罗蒂那样试图在这两种哲学传统之间搭建沟通的桥梁，但他对欧陆哲学本身的研究成果也的确为我们重新认识这两种哲学传统的关系提供了很大启发。这本小书正是他多年来研究欧陆哲学的重要成果之一。

最后，我要感谢外语教学与研究出版社的盛情邀请，感谢高耿松编辑和刘佳编辑的信任和支持。本书的翻译工作是在举国上下准备奥运会的历史时刻完成的。奥运会是以体育盛会消解一切对立的重要形式，我希望，这本小书也能为我们消除对分析哲学与欧陆哲学之间关系的偏见作出一点贡献。

江怡

2008 年 2 月 14 日于北京